Jay E. Adams

Keine Angst vor Theologie!

Jay E. Adams

Keine Angst vor Theologie!

Eine unterhaltsam-systematische Einführung in wichtige Glaubensfragen

betanien

Verwendete Bibelübersetzungen:
Wenn nicht anders angegeben, folgen die Bibelzitate der Elberfelder Übersetzung, revidierte Fassung. Copyright © 1994, 2007 R. Brockhaus Verlag, Witten. Andere verwendete Übersetzungen und ihre Abkürzungen:

EIN	Einheitsübersetzung der Heiligen Schrift. Copyright © 1980 Katholische Bibelanstalt GmbH, Stuttgart.
LUT	Lutherbibel 1984. Copyright © 1985 Deutsche Bibelgesellschaft, Stuttgart.
MEN	Die Heilige Schrift, übersetzt von Hermann Menge. Stuttgart: Württembergische Bibelanstalt, 1940.
SCH	Schlachter Version 2000. Copyright © 2000 Genfer Bibelgesellschaft.
ZÜR	Zürcher Bibel, 2. Auflage. Copyright © 2007, 2008 Verlag der Zürcher Bibel beim Theologischen Verlag Zürich AG.

1. Auflage 2013

Postfach 1457 · 33807 Oerlinghausen
www.betanien.de · info@betanien.de
Übersetzung: Joachim Schmitsdorf
Redaktion: Hans-Werner Deppe
Cover: 18prozent.de
Umschlagfoto: © olly · Fotolia.com
Satz: Betanien Verlag
Druck: Scandinavianbook, Arhus (Dänemark)

ISBN 978-3-935558-44-0

Inhalt

Über dieses Buch

Ich weiß nicht mehr, wann oder wo ich es zuerst hörte, aber ich kann mich noch genau daran erinnern, wie einmal jemand sagte: »Wer einen Schulabschluss hat, dem kann man *alles* erklären, egal wie komplex es ist.« Dieser Ausspruch mag aus einer Zeit stammen, als unsere jungen Leute in der Schule noch weit erfolgreicher Lesen, Schreiben und Denken beigebracht bekamen als heute. Der Grundsatz aber bleibt bestehen: Wenn du lesen und denken kannst, dann sollten theologische Fragen dich nicht abschrecken – vorausgesetzt, sie sind klar und deutlich formuliert. Und wenn hier und da ein wenig Humor aufblitzt, um das ganze etwas zu würzen, dann kann dies dem Bibelstudium nicht schaden. Wenn du ein ganz normaler Christ bist, der Antworten auf einige oft gestellte Fragen sucht, dann brauchst du etwas, das dir sofort, direkt und eindeutig die Informationen liefert, die du suchst; du musst nicht erst ein furchtbar weitschweifiges Buch durchkauen, das siebenmal so dick ist wie die Bücher, die du sonst liest.

Wie dem auch sein mag, so steht doch eines völlig außer Frage: Als Christ musst du theologische Kenntnisse haben, weil Theologie die Lehre über Gott, die Welt und dich selbst ist. Kein Gläubiger sollte unwissend sein, was Gott über all diese Dinge offenbart hat. Aber weil du dich wahrscheinlich nicht den umfangreichen Werken Luthers, Calvins, Berkhofs oder anderer Theologen zuwenden wirst,[1] brauchst du eine prägnante, klare, zuverlässige Quelle theologischer Informationen, die dich befähigt, wichtige Lehrfragen, denen du begegnen wirst, zu verstehen und richtig an sie heranzutreten.

Dieses knappe Buch versucht genau das zu bieten. Es ist dazu gedacht, dass du es auf eine Reise mitnimmst, als Bettlektüre liest,

[1] Oder gar entsprechender englischer Werke von Hodge, Boettner, Reymond u.a., die der Autor im Original anführt. Leider gibt es kaum bibeltreue deutschsprachige systematische Theologiebücher; Anm. d. Herausgebers.

im Wartezimmer des Arztes überfliegst, während einer langweiligen Unterrichtsstunde gründlich durchstudierst (aber gib nicht mir die Schuld, wenn man dich dabei erwischt!), oder ein wenig gesunde Lehre einpauken kannst, bevor du damit einem Sektierer entgegentrittst. Es enthält zwei Arten von Artikeln: einerseits solche, die extra für dieses Buch als Essays verfasst wurden; andererseits solche, die ursprünglich für den Blog des »Institute for Nouthetic Studies« (»Institut für nuthetische Studien«, ein Seelsorge-Institut, www.nouthetic.org) geschrieben wurden. Die zuletzt genannten wurden überarbeitet und erweitert. Damit es aber nicht eintönig klingt und du beim Lesen nicht einschläfst, habe ich sie in einer Form belassen, die nahe am Original bleibt: als Ausschnitte aus Gesprächen zwischen zwei Christen. Ich nenne diese Stücke »Diablogs«.[2] Warum, das wirst du verstehen, wenn du sie liest.

Natürlich hat dieses Buch seine Grenzen; aber wenn es etwas taugt, dann sollte es dich anreizen, einen oder mehrere der Theologen und ihre Theologiebücher zu lesen, die ich oben erwähne. Wenn du liest, wie sie die hier genannten Themen und weitere ausführlicher erörtern, wirst du feststellen, dass sie in Lehrfragen mit dem Verfasser dieser Seiten übereinstimmen. D. h. wenn du einem Thema auf den Grund gehst, wirst du feststellen, dass sie und ich in grundsätzlichen Fragen einig sind. Aber: Hier kannst du viel schneller und leichter erfahren, was der Kernpunkt eines jeden Themas ist. Außerdem habe ich einen bedeutenden Abschnitt eingefügt, der sich der Theologie eines christlichen Lebensstils widmet. Dieses wichtige praktische Thema fehlt leider oft in theologischen Lehrbüchern. Kaum etwas anderes aber könnte für das Leben von größerer Bedeutung sein. Mein Wunsch ist daher, dass die Lektüre dieser Seiten dich segnen und den Herrn verherrlichen möge.

Jay E. Adams

---

[2] Mehr über meine Diablogs siehe im Anhang.

1

Theologie an sich

Theologie

Theologie hält man oft für staubtrocken und weltfremd.

»Ich muss zugeben, dass ich das auch schon oft dachte.«

Sag mir warum!

»Zuerst einmal, weil alle diese langen, abstrakten Wörter, die auf ›-logie‹ enden, nun, du weißt schon …«

Hmm. Ich schätze, manche denken tatsächlich so über Theologie: »Ich hatte genug von diesem akademischen Zeug in der Schule und bin froh, dass ich damit jetzt nichts mehr zu tun habe.«

»So in etwa.«

Denkst du genauso über die Bibel?

»Nein. Sie ist nicht wie diese Bücher geschrieben.«

Nun, da hast du sicher Recht. Lass mich etwas anderes fragen …

»Schieß los!«

Folgendes: Klingt es für dich anders, wenn Luther über Psalm 23,1 sagt: »Gott sei Dank für Personalpronomen!«?

»Irgendwie schon. Ich muss allerdings zugeben, dass ich vergessen habe, was ein Personalpronomen ist.«

Okay. Dann versuchen wir es hiermit: »Jesus Christus ist dein persönlicher Retter.«

»Jetzt sagst du etwas ganz Wichtiges! Das spricht mich an!«

Warum?

»Es ist einfache Alltagssprache.«

Wärst du überrascht, wenn ich dir sage, dass dieser Satz tatsächlich eine der wichtigsten und umstrittensten theologischen Lehren aller Zeiten ist?

»Das hört sich für mich gar nicht wie Theologie an.«

Aha. Aber genau das ist es. Der Satz beschreibt die Lehre des begrenzten Sühneopfers. Er sagt (genau wie Luthers Kommentar), dass Christus persönlich für Einzelne starb und nicht für Menschenmassen allgemein.

»Nun, jetzt klingt es so, als ob du halb theologisch redest und halb wie die Bibel.«

Vielleicht müssen wir uns einfach nur mehr in kernigen, klaren Sätzen ausdrücken (die Art, die dich anspricht), wenn wir auf theologische Lehren zu sprechen kommen. Wahrscheinlich würden dann mehr Leute sie verstehen. In der Tat, solche Aussagen könnten zuletzt manche dazu anreizen, mehr Informationen der längeren, abstrakteren Sorte zu lesen.

»Mag sein. Zumindest sollte es helfen – irgendwie.«

Theologen sollten das gut bedenken. Wenn wir alle Lehren in solch kurze, prägnante Sätze packen würden, wäre Theologie verständlicher und interessanter.

»Vielleicht.«

Systematische Theologie

Allzu oft ist es so: Viele Leute verlieren schon dann das Interesse, wenn sie das Wort »Theologie« nur hören, und wenden sich ab. Wie hast auf die Überschrift dieses Kapitels reagiert? Nun, wenn es genau so negativ war, dann hab bitte nur ein paar Minuten Geduld mit mir und lies den folgenden Text, damit ich dich vielleicht von etwas Besserem überzeugen kann.

Was ist Theologie überhaupt? Wie ihr Name schon zeigt, geht es bei der Systematischen Theologie darum, grundlegende Aussagen verschiedener biblischer Lehren herauszufinden, sie zu vergleichen und allgemeingültige Schlüsse zu ziehen, was Gott über das jeweilige Thema zu sagen hat. Wollen wir einmal nur kurz hineinschmecken, was das bedeutet.

Betrachten wir zum Beispiel, was die Bibel über die Errettung lehrt. Zuerst einmal bedeutet schon das Wort »Errettung«, dass es notwendig ist, Menschen aus einer verzweifelten Situation zu retten. Wir lesen auch in der Schrift, dass alle gesündigt haben und nicht den Anforderungen genügen, um das ewige Leben zu erlangen. Vielmehr stellen wir fest, dass die ewige Verdammnis unser Los ist. Das ist die Situation, aus der wir gerettet werden müssen. Darüber hinaus erfahren wir: Weil Gott verlangt, dass man voll kommen sein muss, um in den Himmel zu kommen – das ist ein vollkommener Ort, an dem es keinerlei Sünde gibt – sind wir als Sünder unfähig, dort hinein zu kommen. Ebenso wenig können wir uns aus diesem Dilemma selbst erlösen. Wir untersuchen die Sache weiter und stellen fest: die Konsequenz, vor der wir gerettet werden müssen, ist immerwährende Strafe für unsere Sünde. Wenn wir über unsere Sünde und ihre Folgen biblisch denken – besonders darüber, was uns daran hindert, in den Himmel zu kommen und was der Grund für unsere Strafe ist –, dann kommen wir auch zu den Schluss: Sünde ist eine Beleidigung des heiligen Gottes; wir sündigen, indem wir seinen Geboten ungehorsam sind. Um also vor der Hölle gerettet zu werden und in den Himmel zu kommen, schließen wir: jemand anders muss uns retten. Er muss diesen Geboten an unserer Stelle gerecht werden und Vergebung für unsere Übertretungen bewirken. Wenn wir durch die Bibel gehen, erkennen wir: Jesus Christus kam auf die Erde, um uns zu retten. Da der heilige Gott für Sünde Genugtuung verlangt, starb Jesus, der einzige vollkommene Mensch (er war Gottes Geboten an unserer Stelle vollkommen gehorsam und litt für unsere Sünden, um Vergebung zu erwirken), anstelle derjenigen schuldbeladenen Sünder, die an ihn glauben würden. Dass Gott diesen stellvertretenden Opfertod für Sünder angenommen hat, machte er dadurch deutlich, dass er Jesus von den Toten auferweckte, ihn mit einer Wolke in den Himmel aufnahm und ihn zu seiner Rechten als Mitherrscher über das Universum einsetzte. Darüber hinaus lehrt uns die Bibel, dass Jesus wiederkommen wird, um die dann lebenden Gläubigen zu verwandeln und die Toten aufzuerwecken. Dann werden alle Geretteten für immer beim Herrn sein.

Fast alle Aussagen im vorigen Absatz (ja, fast jedes einzelne Wort) waren theologische Aussagen. Es war nicht schwer, ihnen zu folgen – oder? Aber ob du es weißt oder nicht: Du hast gerade eine gewaltige Menge Theologie umrissen – allein durch das Lesen dieses Absatzes! Wenn du es interessant findest auszuloten, wie solche biblische Lehren miteinander zusammenhängen, und wenn du wirklich erfahren willst, wie man systematisch an christliche Theologie herangeht, dann schlage ich vor: Kaufe und verschlinge entweder die *Systematic Theology* von Louis Berkhof oder die *Outlines of Theology* von Archibald A. Hodge.[3] Wenn du die Bibel ernsthaft erforschen willst, gibt es nichts Besseres, als beide zu kaufen und zu verschlingen! Im Moment aber hältst du ein Buch in Händen, das sehr kompakt die Theologie umreißt, die von diesen Autoren und anderen Gleichgesinnten gelehrt wird.

---

[3] Beide Werke sind nicht auf Deutsch erhältlich, aber von Berkhof gibt es eine knappe Zusammenfassung seiner systematischen Theologie unter dem Titel *Grundriss der biblischen Lehre* (3L Verlag, Waldems 2012; Originaltitel: *Summary of Christian Doctrine*).

Theologie heute

Zur Einleitung ein paar Aussagen zum Nachdenken:

- Jedes Problem ist ein theologisches Problem.
- Jede Lösung ist eine theologische Lösung.
- Jeder Christ ist ein (guter oder schlechter) Theologe – ob er es weiß oder nicht.
- Darum sollte sich jeder Gläubige gründlich mit Theologie beschäftigen.

Der Begriff »Systematische Theologie« hat heute einen schlechten Ruf. Sicher sollten wir meinen, dass Ungläubige Theologie verachten; doch leider ist dies auch bei vielen Gläubigen der Fall. Es gibt eine weit verbreitete Art von Anti-Intellektualismus, die vielleicht ihren besten Ausdruck in der abgedroschenen und hinterwäldlerischen Predigerphrase findet: »Wir brauchen mehr ›Knieologie‹ und weniger Theologie.« In manchen Kreisen findet sich auch eine starke Abneigung gegen die Systematisierung der Wahrheit. So sagte mir einmal jemand, der sich aus der Gemeinde zurückgezogen hatte: »Ich halte überhaupt nichts mehr von Systematischer Theologie; ich denke, sie ist nichts als bloßes Rationalisieren.«

Einst nannte man die Theologie »die Königin der Wissenschaften«. – »Heute hingegen«, so Gordon H. Clark in einer Vorlesung, »billigt man ihr kaum noch den Rang einer Küchenmagd zu – wenn überhaupt.« Es gibt natürlich viele Gründe für diese ungebührliche Degradierung, aber einer der jüngsten Faktoren ist die aktuelle Überbewertung der »Biblischen Theologie«.

Nun ist »Biblische Theologie« nicht das, als was sie dem Unkundigen erscheinen mag, der darunter vielleicht schlichtweg das Studium der Bibel versteht. Vielmehr ist »Biblische Theologie« ein ganz spezieller Fachausdruck für eine besondere Art des Bibelstudiums, die unter Gläubigen zu Popularität gelangt ist, seit Gerhardus

Vos[4] sie aus den Klauen der liberalen Theologie rettete. Manche Theologen verlieren sich so sehr in der »Biblischen Theologie«, dass für sie die Beschäftigung mit Systematischer Theologie langweilig, wenig verlockend und sogar moralisierend ist.

Warum ist Biblische Theologie so populär und was unterscheidet sie von Systematischer Theologie?
Die erste Frage ist leichter zu beantworten als die zweite. Biblische Theologie hat den Reiz des Neuen, weil sie erst in jüngerer Zeit auf der theologischen Bühne erschienen ist. Das macht es natürlich spannend, sich mit ihr zu befassen. Es gilt eine neue Wahrheit zu entdecken und sie einem Christentum zu anzubieten, das in Tradition erstarrt ist – wofür die Systematische Theologie nach Meinung mancher Symbolcharakter hat. Die »Entdeckungen« sind allerdings selbst unter Vertretern der Biblischen Theologie umstritten, was diese für viele zu einem spannenden Schlachtfeld erbitterter Kontroversen macht. In akademischen Kreisen kann dieser Konflikt an sich erfrischend sein, wenn er in einem freundlichen Tonfall ausgetragen wird; unangemessen gehandhabt kann er aber dazu führen, dass es zu Spaltungen zwischen theologisch sonst unbedarften Anhängern verschiedener Ansichten kommt.

Neben zahlreichen Differenzen innerhalb der Vertreter dieser Richtung gibt es einige Gemeinsamkeiten. An erster Stelle davon steht wohl die Absicht, Jesus Christus in der gesamten Heiligen Schrift zu finden. Und der Ausdruck »Heilsgeschichte« findet sich in der betreffenden Literatur sehr häufig. Vermutlich sind diese zwei Dinge die einzige Gemeinsamkeit unter allen konservativen Vertretern der Biblischen Theologie: Sie suchen Hinweise auf Christus und auf die Heilsgeschichte an unerwarteten Schriftstellen, besonders im Alten Testament. Bei ihren Studien kommen sie zu gewaltigen Meinungsunterschieden bezüglich wichtiger Themen, bei der Deutung

[4] Der reformierte Theologe Gerhardus Vos (1862–1949) steht (wie die beiden Hodges) in der Reihe der so genannten »Princeton-Theologen«, veröffentlichte 1948 ein Buch mit dem Titel *Biblical Theology: Old and New Testaments* und wird auch als »Vater der Biblischen Theologie« bezeichnet.

von Vorbildern und Vorschatten (so genannten Typoi) und bei anderen Punkten, die anscheinend Hinweise auf das große biblische Gesamtbild sind. Dabei erwarten sie von ihren Lesern oft, Verbindungen zu akzeptieren, die allein ihnen selbst plausibel erscheinen, dem Leser hingegen fragwürdig. Mehr noch – bei diesem heilsgeschichtlichen Gesamtbild, das in allen biblischen Büchern im Keim enthalten sein soll, bringt man den Prediger oft in eine Zwickmühle: Darf er eine Bibelstelle überhaupt noch als Beispiel benutzen (wie Paulus z. B. in 1. Korinther 10 Ereignisse der Wüstenwanderung Israels heranzieht), oder muss auch er irgendwie versuchen, die Hinweise und Nuancen zu finden, die niemand außer diese Experten bisher entdeckt hat? Manche Biblischen Theologen behaupten, man würde einem Bibeltext Gewalt antun, wenn man ihn in einer Predigt bloß als Beispiel und Illustration heranzieht. Doch dann müssten sie erst einmal (weg-) erklären, warum Paulus selbst so vorgeht.

Beim Betrachten der Heilsgeschichte wird in der Biblische Theologie das Gesamtbild (das »big picture«) oft zum Nonplusultra. Der einzelne Gläubige, der dem Herrn dienen möchte, bleibt auf der Strecke. Wir müssen durchaus im Sinn behalten, dass Christus das Thema der ganzen Bibel ist; er ist die ganze Wahrheit. Aber hat die Schrift nichts dazu zu sagen, wenn Eltern sich mit widerspenstigen Kindern abmühen? Genügt es da, Jesus Christus und sein Erlösungswerk zu erwähnen? Was ist mit dem Christ, der wissen will, wie er seinen Herrn bei der Arbeit oder in der Schule verherrlichen soll? Gibt es für ihn nichts Praktisches zu sagen? Ist praxisbezogene Predigt, die Christus nie aus dem Blick verliert, wirklich nichts als Moralisieren? Wenn man dies bedenkt, ist es dann nicht an der Zeit, viele dieser theoretischen Konstrukte zu entlarven, die mit dem Praxisbezug der Sprüche Salomos oder der neutestamentlichen Lehrbriefe herzlich wenig zu tun haben? Nun – ja und nein.[5]

---

[5] Anmerkung des dt. Herausgebers: Biblische Theologie hat unseres Erachtens nach einen großen Nutzen, birgt aber auch die hier beschriebenen Gefahren bei Missbrauch, einseitiger Überbetonung und Vernachlässigung der Systematischen und Praktischen Theologie. Ein gesundes und ausgewogenes Plädoyer für Biblische Theologie mit großem Praxisbezug und angemessener Wertschätzung

Was sollen wir von der Biblischen Theologie nun wirklich halten? Wir müssen zugestehen, dass heilsgeschichtliche Dinge in der Schrift stets einen zweifachen Charakter haben. Das wird z. B. in 1. Mose 50,20 deutlich, wo Josef erkennt, dass sowohl das Gesamtbild als auch die geschichtlich begrenzte Situation vollkommen in Einklang miteinander stehen. Josef sagte dort zu seinen Brüdern:

> Ihr zwar gedachtet mir Böses zu tun; Gott aber hat es zum Guten gewendet, wie jetzt zutage liegt, um ein zahlreiches Volk am Leben zu erhalten.

Gott sorgte für Josef als Individuum, als er ihn in seiner Vorsehung durch viele schwere Erfahrungen führte. Zugleich aber sorgte er dafür, das Volk Israel durch Josef zu retten, da der Messias aus eben diesem Volk hervorgehen sollte. Es ist überflüssig, das eine gegen das andere auszuspielen. Interessiert man sich nur noch für Biblische Theologie, dann würde man den ganz normalen Christen vernachlässigen, der vor seinen Alltagsprüfungen und -aufgaben steht. Ich habe mir die Zeit genommen, dieses Thema zu behandeln, weil du wahrscheinlich irgendwann damit konfrontiert wirst; und dann ist es gut, sich damit auszukennen.

Nun zurück zur Systematischen Theologie.
Es ist kein leichtes Unterfangen, sondern schwierig, aus der ganzen Bibel alle Aussagen über ein bestimmtes Thema zusammenzutragen. Das ist nur ein Grund dafür, warum Systematische Theologie wichtig ist. Wenn man zum Beispiel kein systematisches Bibelverständnis davon hat, was die Bibel über das Gebet sagt, kann man leicht ins Schleudern kommen, wenn man nur eine oder zwei Stellen über das Gebet liest, die scheinbar sagen, dass man alles bekommt, worum man bittet. Wer dann nicht empfängt, was er sich wünscht, kann dadurch irritiert oder entmutigt werden. Ein systematisches Studium zum Thema Gebet hingegen wird uns hel-

---

der Systematischen Theologie ist dargestellt in: *Biblische Theologie für die Gemeinde* von Michael Lawrence, Betanien Verlag 2013.

fen zu verstehen, worum wir bitten sollen, wie wir darum bitten sollen, unter welchen Bedingungen wir darum bitten sollen und wann Gott uns erhört und wann nicht. Das sind natürlich nur ein paar Aspekte über das Gebet, die ein ausführliches Studium zu diesem Thema abdeckt. Du kannst aber schon anhand dieses kurzen Beispiels erkennen, wie wichtig Systematische Theologie ist. Man erforscht also das Thema, um es richtig zu verstehen und vor Gott recht zu wandeln.

Wenn man versucht, alles zu erfassen, was Gott über ein beliebiges Thema gesagt hat, hat dies nicht zum Ziel, dass einer sich gegen den anderen wegen seiner Erkenntnis aufbläht, sondern wir wollen dadurch lernen, Gott und den Nächsten recht zu lieben. Wer die Bibel wirklich gut kennt, weiß, dass sie die Wahrheit ist, die zur Frömmigkeit führt (Titus 1,1). Auch das Gegenteil stimmt: Irrtum führt zu gottlosem Lebenswandel. Wenn man also erforscht, wie Gott und wie der Mensch ist, was Gott getan hat und was er von uns verlangt, dann ist das ein ehrenwertes Bestreben, dem jeder Christ nacheifern sollte.

Ein solches systematisches Studium ist möglich, denn Gott und sein Wort sind verständlich (mit seiner Hilfe; 1. Korinther 2); die biblische Lehre ist auf systematische Weise in sich stimmig (hinter allem steht das einheitliche Denken des Heiligen Geistes); die ganze Wahrheit bildet eine Einheit (ebenso wie umgekehrt der Irrtum mannigfaltig ist; siehe 1. Thessalonicher 5,22). Die Systematische Theologie gibt allem einen Sinn, indem sie Lehren, die sonst weit verstreut liegen, wie eine Klammer ordnet, gliedert und anwendet.

Die Systematische Theologie ist für das Alltagsleben von praktischem Nutzen, weil sie die Lehre in Beziehung zu den Problemen des Menschen setzt und auf Gottes Lösungen verweist.

Wie sollte man Theologie studieren?

Man lernt Theologie, wenn man Schriftstelle mit Schriftstelle vergleicht, um eine bestimmte Lehre in ihrer ganzen Fülle zu klären und zu erfassen. Dazu wendet man das Werkzeug der Exegese (Auslegung) an, mittels derer man lernt, wie man aus einem Bibeltext erschließt, was Gott dem Leser damit mitteilen wollte, ohne dem Text etwas hinzuzufügen oder davon wegzunehmen. Wie ich schon sagte, muss man alle Bibelstellen, die sich auf eine Lehre beziehen, in ihrer jeweiligen Beziehung zueinander anordnen. Auf diese Weise gewinnt man ein vollständiges und daher akkurates Verständnis dessen, was Gott lehrt.

Die Hauptlehren, die das Studium der Systematischen Theologie gewöhnlich abdeckt, sind die biblischen Lehren über

- die Schrift (Bibliologie),
- Gott (eigentliche Theologie),
- den Menschen (Anthropologie),
- die Sünde (Hamartologie),
- die Erlösung (Soteriologie),
- die Kirche oder Gemeinde (Ekklesiologie) und
- die Zukunft (Eschatologie).

An und für sich ist es unwichtig, die Fachausdrücke für jeden Bereich der Lehre zu kennen. Ich erwähne sie aber, weil du beim Lesen christlicher Literatur solchen Begriffen begegnen wirst; darum ist es gut zu wissen, wo man ihre Bedeutung nachschlagen kann.

Die wenigsten christlichen »Laien« sind theologisch zugerüstet. Man mag einen Doktor in irgendwas haben, aber nur einen »Sonntagsschulabschluss« in Sachen Bibel. Dies führt in allen möglichen Situationen, in denen man Gottes Wort systematisch auf das Leben anwenden muss, dazu, dass man nicht weiß, was man glauben oder tun soll. Statt prompt die richtige Antwort geben zu können, geraten solche Christen beim Gebrauch der Wahrheit entweder selbst ins Schleudern oder geben anderen einen falschen Rat.

In christlichen Kreisen ist es heute weit verbreitet, die Schrift zu verdrehen. Viele denken, sie wüssten genug, um andere anzuleiten, während sie in Wahrheit das Wort Gottes verzerren, weil sie (wie Petrus es nennt) »unwissend« und »ungefestigt« sind (2. Petrus 3,16). Ein angemessenes Verständnis Systematischer Theologie hilft dabei so gut wie kaum etwas anderes, solchem Irrtum vorzubeugen.

Wie wichtig ist es darum, mit Theologie vertraut zu sein, statt schludrig durch die Schriften zu schweifen!

2

Die Bibel (Bibliologie)

Ein Überblick

»Voller Fehler; ein papierner Papst; eine Krücke für Fundamentalisten; unzeitgemäß!« Man hat der Bibel schon vieles nachgesagt – dieses und noch vieles mehr. Atheisten und Radikale aller Art haben sie angegriffen, ja selbst bekennende Christen, deren Glaube aber nur geheuchelt ist. Doch trotz aller Kritik, der sie ausgesetzt war, hat die Bibel bisher jede Prüfung bestanden.

Und das wird auch weiter so sein. In der Tat sichert uns dies die Bibel selbst zu: »Das Wesen deines Wortes ist Wahrheit, deine gerechten Urteile haben alle auf ewig Bestand« (Psalm 119,160 EIN).

Mein Standpunkt dazu? Schlicht und einfach: Du brauchst die Bibel nicht zu verteidigen, auch wenn du das könntest; Gott kümmert sich selbst darum!

Ich sage »auch wenn du das könntest«, weil du diejenigen nicht überzeugen kannst, die nicht zu überzeugen sind. Hast du jemals 1. Korinther 2 tiefergehend studiert? Wenn nicht, nimm dir die Zeit dazu und gehe sicher, dass du jeden einzelnen Vers dieses Kapitels genau verstanden hast! Wenn sich eine Aussage als roter Faden durch das ganze Kapitel zieht, dann diese: Wer den Heiligen Geist nicht hat (und den haben nur Gläubige), der nimmt Gottes Wort weder an, noch hat er den Wunsch, es zu verstehen. Und zwar deshalb, weil er von Natur aus mit der Bibel auf Kriegsfuß steht. Damit will ich sagen: Er ist von Geburt so veranlagt, den Schriften feindlich gesinnt zu sein. Aus diesem Grund ist es vollkommen nutzlos, das Unmögliche zu versuchen.

Unmöglich? Ja. Solange Gott ihm nicht aus Gnade die Gabe seines Heiligen Geistes gibt, lehnen die geistlich blinden Augen und tauben Ohren des Sünders die rettende Botschaft Gottes ab. In der Tat ergibt all das, was Gott über sich selbst, den Menschen und die Welt denkt, für Sünder keinen Sinn. Natürlich hören Ungläubige Predigten; sie vernehmen und verstehen, was der Prediger sagt, aber sie werden es nicht akzeptieren. In der Tat werden sie, wie Paulus sagt, biblische Lehre für »Torheit« halten.

Daher können allein diejenigen die Bibel zu ihrem Heil verstehen, deren Herz Gott zum Annehmen der Wahrheit zubereitet hat (siehe Röm 5,5 Lk 8,10.15; Apg 16,14). Nur Gott kann geistlich Tote auferwecken (siehe Epheser 2), um sie dazu fähig zu machen. Wenn Gott dies tut, erweckt er damit auch ein Interesse an geistlichen Dingen, besonders an der Bibel.

Da der Glaube aus dem Hören der Evangeliumsverkündigung kommt und das Hören (bzw. Verkündigen) aus dem Wort Gottes (Römer 10,17), ist es wichtig, die Menschen aufzufordern, die Bibel zu lesen und auf sie zu hören, auch wenn es ihnen nicht angeboren ist, den rettenden Lehren der Bibel glauben zu können. Der Same fällt auf verschiedenen Boden; und derjenige Boden, der dazu bereitet ist, die Wahrheit anzunehmen, wird Frucht bringen. Darum: Wenn es auch Ungläubigen unmöglich ist, die rettende Wahrheit anzunehmen, so ist es doch eben diese Botschaft der zuvor verachteten Schrift, die sie rettet, wenn Gott ihr Herz öffnet, während sie das Wort hören.

Darum: Verbreite die Botschaft des Heils und dränge Menschen, die Bibel zu lesen! Zugleich aber bitte Gott allezeit, den Menschen Augen und Ohr für das Evangelium zu öffnen. Bedenke: Die Bibel wurde durch den Heiligen Geist zustande gebracht, der Männer bewegte, genau das zu schreiben, was der Geist und die Schreiber aufschreiben wollten; und durch eben dieses Buch wirkt er am Herzen der Menschen.

Nein, versuche nicht, die Bibel zu verteidigen; verkündige sie vielmehr unter Gebet!

Die 66 Bücher der Bibel

Richtigerweise beginnt unsere theologische Abhandlung bei der Schrift, denn sie ist die Quelle und der Maßstab aller weiteren Lehren in diesem Buch ist.

Die 66 Bücher des Alten und Neuen Testaments sind Gottes Offenbarung an uns Menschen, und sie beinhalten alles, was wir wissen müssen, um mit Gott und dem Nächsten im Reinen zu sein. Ihre Urschriften sind unfehlbar, und sie sind klar und vertrauenswürdig, weil sie das geschriebene Wort Gottes sind. In ihnen steht sowohl nicht mehr und nicht weniger als auch nichts anderes als das, was Gott sagen würde, wenn er hörbar zu uns spräche. Die Bibel ist das niedergeschriebene Wort Gottes. Dies ist die Bedeutung des griechischen Wortes *theópneustos* in 2. Timotheus 3,16, das meistens mit »inspiriert« übersetzt wird. Wörtlich bedeutet es »von Gott (*theo*) ausgehaucht (*pneustos*)«.

Der Schwerpunkt all dieser verschiedenen Bücher liegt auf dem Erlösungsplan, den Gott aus Gnade für den in Sünde gefallenen Menschen vorgesehen hat. Der Plan lautet, Sünder zu retten, die sonst in die Hölle kämen und ewig von Gott verstoßen wären. Die Details dieses Plans sowie dessen Ausführung durch Gott im Laufe der Geschichte sind in den Bibelbüchern aufgezeichnet. Die Gesamtgeschichte dreht sich um zweierlei:

1. Die Gemeinde bzw. das Volk Gottes als Ganzes;
2. Die Einzelnen, die Teil dieses Volkes sind.

Diese beiden Aspekte der Erlösung werden in der Geschichte Josefs offensichtlich. Nachdem er genügend Zeit hatte, um alles gründlich zu analysieren, sprach er zu seinen Brüdern: »Ihr zwar gedachtet mir Böses zu tun; Gott aber hat es zum Guten gewendet, wie jetzt zutage liegt, um ein zahlreiches Volk am Leben zu erhalten« (1. Mose 50,20). Hier sehen wir Heilsgeschichte in Aktion und die Vorsehung im Leben von einzelnen Menschen am Werk, während diese einzelnen Menschen in der Ausführung des Erlösungsplans durch Jesus Christus mit einbezogen sind. Im Mittelpunkt all dessen steht die Ehre unseres großen Gottes und Retters Jesus Christus.

Die Verheißung an Abraham, dass alle Völker der Erde durch seinen Samen gesegnet würden, sollte durch das weltweite Zeugnis der Juden an den Heidenvölkern erfüllt werden, aber sie versagten darin, diese Aufgabe zu erfüllen, weil sie in selbstsüchtigem und abgöttischem Ungehorsam verharrten. Nach jahrhundertelangen prophetischen Ermutigungen und Warnungen ließ Gott im Jahre 70 n. Chr. Israel durch die Römer zerstören und nahm dem Volk seinen Status als »Reich Gottes« und als ihn repräsentierendes Volk ab (Matthäus 21,43). Diese Aufgabe und Stellung wurde daraufhin der neutestamentlichen Gemeinde gegeben. Die Apostel, die den Auftrag bekamen, die damals bekannte Welt zu missionieren (Matthäus 28,16-20), erfüllten diesen Auftrag[6] (Kolosser 1,3.26; Römer 16,26) bereits vor der Zerstörung Jerusalems im Jahre 70 n. Chr. Doch die persönliche Evangelisation und Weltmission bleiben natürlich der Auftrag jeder Generation.

Die Schriften wurden von Männern verfasst, die der Heilige Geist bewegte, genau das zu schreiben, was sie nach seinem Willen schreiben sollten. Sie benutzten ihren persönlichen Stil und ihren persönlichen Wortschatz, aber zugleich waren die Bücher und Briefe, die sie verfassten, genau das, was sie selbst schreiben wollten. Das Ergebnis war ein menschlich-göttliches Produkt, das keinerlei Irrtum enthält. Der Erlösungsplan ist nicht nur eine umfassende und vollständige Offenbarung dessen, wie Gott mit den Menschen umgeht, sondern auch all dessen, was Gläubige wissen müssen, um Gott und ihren Nächsten zu lieben. Diese Buchsammlung ist die einzige Quelle absoluter Wahrheit, die es auf Erden gibt. Theologie

[6] Dass die Apostel die ihnen gestellte Aufgabe erfüllten, ermöglichte die Erfüllung der Prophetie von Matthäus 24,14: »... und dann wird das Ende kommen.« Die Zerstörung Jerusalems sollte auf die Missionierung der damaligen Generation durch die Apostel folgen. Somit war das neue, himmlische Königreich Christi, das sie pflanzten, bereit zu wachsen und zu gedeihen, sobald die alte Ordnung beendet war.

ist somit die Zusammenstellung und Systematisierung der Lehren, welche die Bibel darlegt. Andere Quellen, die behaupten Wahrheit zu offenbaren, sind nicht nur deshalb schwer fehlerhaft, weil sie unweigerlich durch menschliche Sünde und Fehleranfälligkeit verzerrt werden, sondern sie treten sogar in Konkurrenz zu Gottes Offenbarung und sind daher als Quellen der Wahrheit zu verwerfen.

Menschliche Entdeckungen oder Erkenntnisse darf man nicht der Offenbarung Gottes gleichsetzen. Doch wegen ihres Nutzens darf man sie auch nicht pauschal verwerfen, so lange man sich bewusst ist, dass sie sich stets wandeln, verändern oder auch widerlegt werden können. Alle Wahrheit ist Gottes Wahrheit. Die so genannte Allgemeine Offenbarung in der Natur liefert genug Befunde, um uns zu der Erkenntnis zu verhelfen, dass es Gott gibt, dass es das Böse gibt, welche Auswirkungen dies hat und dass wir ein Problem mit Gott haben. Doch auch diese Befunde, die nie den Zweck hatten, rettende Wahrheit zu vermitteln, werden durch sündige Menschen verdreht und unterdrückt (Römer 1,18). Alle Wahrheit ist Gottes Wahrheit, und jede Offenbarung, die er gegeben hat, ist vollkommen und ohne Irrtum. Darum enthalten alle anderen Quellen vermeintlicher Offenbarung Irrtum – und zwar mit Sicherheit, weil die Sünde sich auch auf den Verstand auswirkt! – und sie tragen überhaupt nichts zur göttlichen Offenbarung bei, sondern sind Fälschungen, welche die Stelle der göttlichen Wahrheit übernehmen wollen. Sicherlich ist alle Wahrheit Gottes Wahrheit; man muss aber ebenso deutlich betonen, dass aller Irrtum des Teufels Irrtum ist. Die Schriften der Bibel sind der einzige unfehlbare Maßstab des Glaubens (dessen, was wir glauben sollen) und des Lebens (dessen, was wir tun sollen). Wahre Christen halten unverrückbar an diesen Tatsachen fest.

Absolutheitsanspruch und Widersprüche

Allein schon das Wort »Absolutheitsanspruch« lässt vielen die Haare zu Berge stehen! Es geht um das, was heute als *die* Irrlehre schlechthin gilt. Zu meinen, dass nur ein einziger Weg der einzig wahre ist und alle anderen Widersprüche dazu (und deshalb falsch) sind, ist für unsere Zeitgenossen undenkbar. Heute meint man, jeder habe ein Recht auf seine eigene, persönliche »Wahrheit«, weil es etwas wie eine absolute, universelle Wahrheit nicht gäbe (ein Beispiel hierzu siehe im nächsten Artikel, der beschreibt, was geschieht, wenn ein Christ behauptet, die alleinige Wahrheit zu kennen!).

Im Gegensatz dazu glauben Christen an eine ewige, unwandelbare Wahrheit, die in den Schriften des Alten und Neuen Testaments zu finden ist und die alle anderen Behauptungen irgendwelcher relativen »Wahrheiten« ausschließt. Wie wirkt sich dies auf das Alltagsleben aus? Ganz einfach: Wir glauben, dass es den einen Weg Gottes gibt – und alle anderen Wege sind nicht Gottes Wege! Das heißt: alle anderen Wege stehen im Widerspruch zu Gottes Weg; er beansprucht unmissverständlich, dass sein Weg der einzig richtige ist.

Beachte, wie gründlich Gott den Anspruch auf die Wahrheit erhebt. Die alttestamentliche Ordnung von Rein und Unrein beispielsweise unterstreicht, dass Gott durchaus die Autorität beansprucht, uns vorzuschreiben, wie wir in jedem einzelnen Lebensbereich wandeln sollen. Vieles, was verboten oder streng eingeschränkt wurde, war anscheinend vollkommen willkürlich gewählt. (Zum Beispiel das Verbot, Kleidung aus verschiedenen Stoffen zu tragen aus 5. Mose 22,11. Der Grund hierfür kann nur darin liegen zu zeigen, dass Gottes Wege mit anderen Wegen auf keinen Fall vermischt werden dürfen.) Diese Ordnung lehrt vorwiegend eines: in allen Fragen gibt es nur zwei Wege, zwischen denen du dich entscheiden musst – Gottes Weg und alle anderen.

Heute hingegen lehrt man uns, »ganzheitlich« zu denken. Ganzheitliches Denken beherrscht die Schulen, den Rundfunk – und selbst so manche Predigt. Alles sei eins – es gebe kein »richtig« oder »falsch«, weder Gut noch Böse usw. Alles sei »mehr oder weniger« irgendetwas oder etwas anderes; es gebe keine absolute Wahrheit.

Die Bibel hingegen ist ein Buch voller Absolutheitsansprüche. In ihr ist die Rede von gut und böse, wahr und falsch, Himmel und Hölle, gerettet und verloren, recht und unrecht, Wahrheit und Irrtum, Sünde und Gerechtigkeit, schmalem und breitem Weg, weiter und enger Pforte und vielen anderen absoluten Schwarz-Weiß-Aussagen. Lies deine Bibel gründlich und du wirst nicht nur diese, sondern auch Hunderte weiterer solche Beispiele finden.

Was bedeuten diese absoluten Aussagen? Genau das, was wir gerade gesagt haben: dass es nur zwei Wege gibt – Gottes Weg und alle anderen. Die Menschen sind entweder für oder gegen Christus; hier gibt es keine Neutralität.

Nun, wenn dein Verstand vom modernen Denken geprägt ist, werden sich dir wahrscheinlich bei solchen Behauptungen die Nackenhaare sträuben. Das ist verständlich. Aber hier liegt der Hund begraben: Wenn du gegen dieser biblischen Sicht widersprichst, weil sie deiner Meinung nach absolut falsch sei, stellst auch du eine absolute Aussage auf. Herzlichen Glückwunsch, dass du – immerhin – bis hierher gefolgt bist! Du hast begonnen zu verstehen: Wenn du überhaupt ernsthaft denken willst, musst du in absoluten Aussagen denken – wenn das eine wahr ist, ist dessen Widerspruch falsch.

Wenn du beginnst, mit dieser Logik zu denken – und das musst du, wenn du die Bibel mit echtem Glauben liest –, dann wirst du Menschen durch deine Behauptungen abschrecken. Diese Denkweise – die unvermeidlich ist, wenn deine Weltanschauung immer biblischer wird – wird dazu führen, dass viele die Stirn runzeln oder sogar lautstark protestieren werden. Da aber der Verstand aller Menschen von Geburt an gegen Gott gerichtet ist, bis sie erlöst werden, lass dir sagen: Das war schon immer so. Es ist nur so, dass wir heute ein neues Etikett dafür haben: Postmodernismus. Um dich auf die Konfrontation mit dem Postmodernismus vorzubereiten, schau dir das Gespräch im nächsten Kapitel an.

Toleranz

Das Schlagwort des Mannes auf der Straße heißt heute »Toleranz«. Die Idee aber, man könne tolerant sein, ist schlichtweg falsch – und zwar sehr falsch. In der Tat ist diese Vorstellung dumm, ja eine unglaublich törichte Meinung. Toleranz ist ein Mythos, und zwar einer der Sorte, die gefährlich werden können. Wer behauptet, für Toleranz einzustehen, wer sagt, er sei tolerant, der lügt – ob er sich dessen bewusst ist oder nicht.

»Augenblick mal! Da muss ich widersprechen. Egal was du sagst, ich bin tolerant. Und außerdem nehme ich dir übel, dass du mich einen Lügner nennst.«

Du bist ein Lügner!

»Jetzt aber mal halblang. Wie kannst du das sagen? Du kennst mich nicht einmal. Wie kannst du mich einen Lügner nennen?«

Weil du lügst; das tun Lügner nun einmal.

»Es ist schlicht und einfach nicht recht, dass du mich – deinen Leser – vorverurteilst, obwohl du mir noch nie begegnet bist.«

Ach? Dann sag mir, warum nicht. Du scheinst dich über eine einfache Aussage, die ich aus heiterem Himmel traf, ziemlich heftig aufzuregen. Ich habe dich nicht gebeten, deinen Senf dazuzugeben. Du hast dich selbst in die Kategorie »Lügner« versetzt.

»Schau mal. Ich kann es einfach nicht unwidersprochen hinnehmen, wenn jemand umhergeht und andere als Lügner bezeichnet. Schließlich hast du damit unausgesprochen auch mich gemeint, da ich sehr tolerant bin.«

Wenn du gegenüber verschiedenen Meinungen wirklich tolerant wärest, dann würdest du nicht denen widersprechen, die etwas sagen, das nicht deiner Meinung entspricht. Wenn du derart Feuer und Flamme für Toleranz bist, warum hast du mir dann nicht freudig zugestimmt, dass ich jedes Recht hätte, umherzugehen und deinen Freunden und Verwandten zu sagen, dass du ein Lügner bist?

»Das wäre falsch. Ich mag Leute nicht, die unbegründete Urteile fällen. Und nebenbei bemerkt wäre es ziemlich fies, so etwas zu tun.«

Sagtest du gerade, dass du eine solche Behauptung nicht tolerieren kannst? Oder jemanden, der eine solche Behauptung aufstellt?

»Nein. Ich toleriere Meinungen, die von meiner abweichen.«

Dann hättest du nichts dagegen, wenn ich deinen Freunden das erzähle, richtig?

»Falsch.«

Aus welchem Grund ist es für dich falsch, so etwas zu tun?

»Weil es schlicht und einfach nicht wahr ist.«

Aber ich behaupte, dass es wahr ist.

»Jetzt aber Schluss mit diesem Hickhack! Wärst du damit zufrieden, wenn ich dir das Recht auf Irrtum einräume?«

Ah! Du bist also so tolerant, dass du bereit bist, »Irrtum« zu tolerieren, um diesen verschwinden zu lassen?

»Dem ist nicht so. Ich akzeptiere nur, was wahr ist.«

Demnach tolerierst du Irrtum? Es ist dir egal, ob andere die Wahrheit ablehnen, dass du ein Lügner bist?

»Weil es, wie ich schon sagte, nicht wahr ist.«

Ist es aber.

»Nein.«

Es ist wahr!

»Beweise es!«

Okay. Du behauptest, dass du tolerant bist; wir wissen aber, dass das nicht wahr ist. Darum sagst oder leugnest du, du würdest Irrtum bei dir oder bei anderen tolerieren.

»Da haben wir's wieder: Du nennst mich einen Lügner! Ich weiß aber, dass das mit Sicherheit nicht stimmt.«

Nach all diesem Wortwechsel hast du's noch immer nicht begriffen? Ich sage, dass du ein Lügner bist, und zwar schlicht und einfach, weil du das bereits bewiesen hast. Du behauptest, du würdest nur die Wahrheit akzeptieren, aber du würdest nie zugeben, dass du ein Lügner oder intolerant bist. Das sind schon zwei Lügen.

»Du bist unmöglich!«

Das ist Lüge Nummer drei.

»Okay, es gibt nur eins, was ich nicht tolerieren kann: dich! Du bist unerträglich und untolerierbar.«

Gut. Zum ersten Mal sagst du jetzt etwas Richtiges. Du kannst mir folgen. Aber da dies zutrifft, beweist auch das, dass du ein Lügner bist. Du hast gesagt, dass du intolerant bist, aber lass mich dich fragen: Bist du nicht nur meiner Intoleranz gegenüber intolerant, sondern gegenüber Intoleranz überhaupt? Auch ein toleranter Mensch sollte sich nicht selbst widersprechen.

»Nun gut …«

Schau, genau das ist der Grund, warum niemand tolerant ist, der es zu sein behauptet. Du hast gesagt, dass du es mir übel nimmst, wenn ich dich einen Lügner nenne. Das scheint mir eine etwas intolerante Haltung zu sein. Entweder kannst du Intoleranz nicht tolerieren oder du tolerierst, was du zu verabscheuen behauptest. Drehen wir's mal um: Du behauptest, dass du ablehnst, was du aber tolerieren solltest, wenn du wirklich tolerant wärst. Das ist ein Widerspruch in sich selbst. Der Intoleranz gegenüber tolerant zu sein widerspricht sich selbst. Du kannst nicht beides auf einmal haben. Natürlich kannst du diesbezüglich lügen. Gehen wir einen Schritt weiter. Warum meinst du, sei Lügen gefährlich?

»Das denke ich nicht.«

Na los! Jeder Christ tut das. Bist du ein Christ?

»Ja.«

Nun mal ohne Wenn und Aber bei biblischen Aussagen und Lehren: Niemand kann gerettet werden außer durch Jesus Christus. Alle anderen Wege zu Gott sind Irrwege, falsch und Lüge. In der Tat stammen sie direkt aus der Hölle. Darum sind sie gefährlich, weil sie die Menschen irreführen, fort vom einzigen Weg zu Gott. Richtig?

»Ja, aber …«

Nochmal: Ohne Wenn und Aber! Niemand kann gerettet werden außer durch Jesus Christus. Alle anderen Wege zu Gott sind Irrwege, nichts als Irreführungen und Lügen. Sie sind somit gefährlich. Richtig?

»Aber ich toleriere die Meinungen anderer.«

Warum? Sie sind gefährlich! Es ist gefährlich, wenn Leute so denken! Nochmals: Du meinst, du könntest Irrtum bei anderen tolerieren, aber nicht bei dir – richtig? Es ist egal, was aus ihnen wird, so lange du nur tolerant gegenüber dir selbst bist. Habe ich Recht?

»Das ist nicht fair.«

Wer hat denn etwas von Fairness gesagt? An welchem Maßstab legst du fest, was fair ist und was nicht? Aber wollen wir weitermachen, statt uns hier noch länger im Kreis zu drehen. Glaubst du, dass Christen missionieren sollen?

»Natürlich.«

Dann bist du mit Sicherheit intolerant. Das ganze Konzept der Mission gründet auf Intoleranz – Intoleranz gegenüber den bösen Religionen der Menschen, die diese in die ewige Verdammnis führen. Weiter und noch viel wichtiger: diese falschen Religionen rauben Gott die Ehre. Missionare glauben, dass diese falschen Religionen widerlegt und durch die christliche Lehre ersetzt werden müssen, bevor sie zum Untergang derer führen, die an sie glauben. Gott toleriert weder Irrglaube noch Unglaube. Darum gehören Missionare zu den intolerantesten Menschen der Welt. Lies mal Römer 1!

»Ich habe es gelesen. Aber wir können höflich sein.«

Natürlich; oft können wir das. Aber wer spricht hier von Höflichkeit? Und nebenbei: Sag mir, war Jesus tolerant gegenüber den Pharisäern und Sadduzäern?

»Nun …«

Erinnerst du dich an einige Aussagen, die er zu ihnen und über sie sagte?

»Sicher.«

War Jesus höflich, als er das tat? Warum bist du tolerant, wo es Jesus nicht war? Wenn du ein Christ bist, dann folge ihm nach!

»Ich geb's auf. Du bist ein hoffnungsloser Fall!«

Du meinst, ich bin intolerant?

Die ganze Wahrheit

Laut Johannes 14,26 empfingen die Apostel die letzte Offenbarung bis zu Jesu Wiederkunft. Er sagte ihnen:

> Der Beistand aber, der Heilige Geist, den der Vater senden wird in meinem Namen, der wird euch alles lehren und euch an alles erinnern, was ich euch gesagt habe.

Es ist gut, dass Gott den Aposteln den Heiligen Geist gab, um ihnen alle nach der Himmelfahrt Jesu noch ausstehenden Offenbarungen zu geben und sie zu befähigen, sich an Jesu Worte und Werke zu erinnern, um in den Evangelien unfehlbare Berichte darüber zu verfassen (siehe auch Joh 12,16). Wir wissen auch, dass Jesus die Apostel nach seiner Auferstehung 40 Tage lang traf und sie die Dinge lehrte, welche die Gemeinde betreffen – sie ist das Königreich, das er aufrichtete (Apg 1,3). Doch erst nachdem der Geist auf sie gekommen war, wurde ihnen »die ganze Wahrheit« (Joh 14,16) offenbart, wozu auch ein prophetisches Verständnis der Zukunft gehörte (Joh 16,13). Aus vielen Gründen ist es wichtig zu wissen, dass sie die ganze Wahrheit empfingen, die der Gemeinde jemals offenbart werden solle. Unter anderem zählen zu diesen Gründen:

- Wir können sicher sein, dass alle Behauptungen falsch sind, jemand hätte weitere Offenbarungen empfangen, und wir wissen daher, dass diese zu verwerfen sind.
- Wir können wissen, dass es zukünftig keine weiteren Prophetien mehr geben wird; wir besitzen somit die Fülle dessen, was Gott uns wissen lassen will.
- Wir können wissen, dass die Schriften, in denen diese ganze Wahrheit geschrieben steht, für uns genügen, um zu wissen, wie wir Gott und unseren Nächsten lieben sollen.
- Wir können sicher sein: Je mehr wir die Bibel studieren und ih-

ren Inhalt kennen lernen, desto mehr verinnerlichen wir die Erkenntnis der ganzen Wahrheit, die Gott offenbart hat (niemand von uns wird dieses Ziel jemals auf Erden gänzlich erreichen).

- Wir können wissen, dass diese Quelle der Wahrheit all denen zur Verfügung steht, die Gott bitten, er möge sie (durch sorgfältiges Studium) befähigen, auf rechte Weise an die Schrift heranzugehen und sie anzuwenden.
- Wir können wissen, dass Gott uns damit in einer Welt, in der alles im Fluss und ungewiss ist, einen festen Maßstab für Glauben und Wandel gegeben hat.

Wie reich hat Gott uns durch das Kommen des Geistes beschenkt: Durch die Apostel gab er uns in unfehlbarer Schriftform dieselbe Wahrheit, die auch sie empfingen! Wenn der Apostel Johannes sich zu dir setzen und zu dir reden könnte, bräuchte er nicht mehr oder nichts anderes offenbaren als das, was er und die übrigen Apostel in der Schrift niederlegten. Darum, o Gläubiger: »Die ganze Wahrheit« ist dein!

Exegese

»Erzähl mir mehr.«

Willst du das wirklich?

»Ganz bestimmt!«

Okay. So geht's: Zuerst musst du eine Exegese des Abschnitts erstellen.

»Halt! Was heißt denn Exegese?«

Entschuldigung! Ich vergaß, dass ich diesen Ausdruck zuerst hätte erklären sollen. Er bedeutet, die Stelle so auszulegen, dass du als Ergebnis erstens nicht mehr, zweitens nicht weniger und drittens nichts anderes hast als das, was du nach der Absicht des Heiligen Geistes bekommen solltest. Anders gesagt: Du verstehst, was der Text bedeutet, wozu er dient und wie man ihn anwendet. Du weißt, worauf der Heilige Geist hinaus wollte, als er die Verfasser bewegte, die Worte niederzuschreiben.

»Wow! All das steckt in einem einzigen Wort?«

Ich schätze, ich hätte mich kürzer fassen können, aber ich wollte einfach alles erwähnen, was wichtig ist.

»Da ist es schon hilfreich, wenn man all das mit nur einem Wort ausdrücken kann statt es jedes Mal wiederholen zu müssen.«

Klar! Fachbegriffe sind genau dazu gut. Aber sie bergen auch eine Gefahr in sich. Die Leute denken, sie wüssten, was ein Wort bedeutet, während sie nur eine vage Vorstellung davon haben. Oder sie benutzen Fachbegriffe, um zu verschleiern, was sie wirklich meinen – nämlich etwas ganz anderes. Liberale Theologen werden dir auch erzählen, sie würden Exegese betreiben. Aber sie können nicht (aufrichtig) behaupten, dass das, was sie tun, meiner Beschreibung von Exegese entspricht. Die Sache hat also zwei Seiten.

»Ich verstehe. Was kommt als nächstes?«

Ich denke, wir sind weit genug für einen ersten Versuch. Ich habe eben ein paar Dinge erwähnt, um dir Appetit zu machen. Nach der Exegese musst du herausfinden: Welcher Situation in deinem Leben entspricht der Text, oder welcher Situation im Leben derer, denen du damit dienen möchtest? Dies musst du fragen, damit du dem Text keine Anwendung aufzwingst, die der Heilige Geist nicht im Sinn hatte.

»Und dann?«

Dann möchtest du fähig sein zu entdecken oder vorzuschlagen, welche praktischen Anwendungen des Textes möglich sind.

»Wie bitte?«

Das heißt: einige Möglichkeiten herausfinden, wie das, was der Heilige Geist mit dieser Stelle bezweckt hat, auch tatsächlich im Alltag umgesetzt werden kann.

»Wow! Aber dabei ich habe doch noch nicht einmal begonnen zu lernen, wie Exegese geht?«

Richtig. Diese letzten beiden Fragen besprechen wir ein anderes Mal. Aber das halten wir fest: Theologie hängt von guter Exegese ab.

»Okay.«

3

Gott (Theologie)

Der Schöpfer

Gott ist der ewige Schöpfer aller Dinge. Wie antwortest du, wenn ein Kind fragt: »Wo war Gott, bevor er alles schuf?« Diese scheinbar verwirrende, aber tiefsinnige Frage ist leicht zu beantworten, wenn man den Schöpfungsakt versteht: Gott war zuvor nicht irgendwo, denn er erschuf erst bei der Schöpfung alles »Wo« – den Raum. Offensichtlich gab es kein »Wo«, ehe er es ins Dasein rief. Vorher[7] gab es nichts außer Gott.

Eine andere Art von Fragen wird manchmal von älteren Kindern gestellt – und sogar von manchen nachdenklichen Erwachsenen und lautet in etwa so: »Kann Gott einen Stein machen, der so schwer ist, dass er ihn nicht heben kann? Wie lautet die Antwort? Schlicht so: »Er tut nichts außer dem, was er tun will; darum tut er so etwas nicht.« Warum sollte er auch?

Eine weitere Frage dieser Sorte: »Kann Gott einen quadratischen Kreis machen?« Diese Frage ist offenkundig absurd. In der Welt, die Gott schuf, sind Quadrate und Kreise das, was sie sind, weil er sprach: »Es werde!« Darum sind sie das, was sie sind; Punkt. Die Frage ist nicht, ob Gott alles tun kann, sondern was er mit der Welt, die er schuf, tun will.

Die Frage ist falsch gestellt. Die Frage, die dem Thema zu Grun de liegt und richtig ist, lautet: »Kann Gott alles tun?« Die Antwort darauf ist einfach: »Er kann alles tun, was er will. Er tut nicht, was er nicht will.« Der Töpfer formt den Ton, wie er will; er fragt niemand anderen um Rat. Der Mensch hat kein Recht, das infrage zu stellen, was Gott tut.

Ähnlich und ebenfalls zu berücksichtigen ist: Innerhalb Gottes gibt es weder einen Widerspruch noch ein Paradox. Alle gegenteiligen Vermutungen entpuppen sich, wenn man sie analysiert,

---

[7] Sofern es überhaupt angemessen ist, dieses zeitliche Wort »vorher« zu benutzen (außer anthropomorph, also im von der menschlichen Erfahrung auf Gott übertragenen Sinne), denn Zeit ist anscheinend ein Teil der Schöpfung.

als Widersprüche, Verwirrungen oder Paradoxa im menschlichen Denken, nicht in Gottes Denken. Alles, was er tut, ist geordnet: »Gott ist nicht ein Gott der Unordnung, sondern des Friedens« (1Kor 14,33). Verwirrung ist Chaos, aber Gott ist nicht chaotisch – er ist mit sich selbst im Reinen. Er erwartet daher von seinem Volk, dass Anbetung, Dienst und Leben »anständig und ordentlich zugehen«, so dass sie sein friedevolles und geordnetes Wesen widerspiegeln (1Kor 14,40).

Als Schöpfer ist das Universum ihm in allem untertan. Was im Kosmos ist wie auch seine Entstehung sind vollkommen von Gottes Willen abhängig: Er »trägt alle Dinge durch das Wort seiner Kraft« (Hebr 1,2). Kolosser 1,17 drückt dies mit anderen Worten aus: »[Jesus Christus] ist vor allem, und alles besteht durch ihn.« Alles, was es gibt, ist somit das Ergebnis dessen, dass Gott fortwährend fürsorglich über alles wacht; ausgeführt wird dies durch die zweite und dritte Person der Dreieinigkeit.

Es ist gut, Fragen zu stellen. Doch bedenke: Fragen haben die Macht, zum Guten zu ermutigen oder zum Bösen zu versuchen; man muss sie darum äußerst sorgfältig formulieren. Die erste Frage der Weltgeschichte wurde von der Schlange gestellt. Ihr Zweck war, Gottes Wort in Zweifel zu ziehen. Es besteht immer die Gefahr, Fragen zu stellen, welche erneut dieselbe Art von Zweifel säen. Wir müssen daher demütig sein, wenn wir Fragen über Gott und sein Wort stellen. Die Beröer gingen richtig an die Schriften heran: Sie wollten feststellen, ob das, was man sie gelehrt hatte, wahr ist; sie suchten nicht nach Problemen und Widersprüchen, sondern nach der Wahrheit (Apg 17,11). Es ist dieselbe Gesinnung wie die der Beröer, die uns motiviert, angemessene Fragen zu stellen.

Die Unerkennbarkeit Gottes

Diese Überschrift ist starker Tobak, oder? Lass dich davon aber nicht verunsichern. Du wirst gleich schon schnell genug verstehen, was ich meine.

In einem Gespräch mit einem Zeugen Jehovas kamen wir auf das Thema der Dreieinigkeit. Er sagte zu mir: »Ich könnte nie an einen Gott glauben, den ich nicht verstehen kann.« Ich entgegnete ihm: »Ich könnte nie an einen Gott glauben, den ich verstehen *kann!*«

Sein Gott wäre gezwungenermaßen *begrenzt* – so wie er und ich. Und, um vorne anzufangen, unser Verstand wäre groß genug, um alle Informationen über ihn aufzunehmen. Was für eine Art von »Gott« wäre das?

Sicherlich würdest du voraussetzen (sogar unabhängig von der biblischen Offenbarung, die dies lehrt), dass der wahre Gott weit größer ist als der menschliche Verstand, der in seinem Auffassungsvermögen beschränkt ist durch Zeit, Raum und Sünde. Niemand außer Gott selbst weiß genug über ihn, um ihn vollständig zu kennen. Wir erkennen stückweise – und nur das, was er uns aus der unendlichen Zahl von Fakten über uns in seinem Wort wissen lässt, indem er Begriffe, Bilder und eine Sprache benutzt, die wiedergeborene Menschen erfassen können, weil der Heilige Geist sie dazu befähigt.

Es ist ebenso wahr, dass Gott allwissend ist (er weiß alles in Vergangenheit, Gegenwart und Zukunft und wie all das in jeder Hinsicht miteinander in Beziehung steht), wie auch dass Gott allgegenwärtig ist (er ist überall zugleich) als auch allmächtig (er ist fähig alles zu tun, was immer er will). Ohne weitere Beispiele zu nennen, frage ich dich: Du könntest sicher nicht an einen Gott glauben, der keine außergewöhnlichen, übermenschlichen Eigenschaften besitzt, oder?

Die Dreieinigkeit ist eine solche Lehre, die Christen glauben und die in der Schrift klar zum Ausdruck kommt. Sie ist eine Aussage über das Wesen Gottes. Dieses Dogma (»Dogma« bedeutet nichts anderes als »Lehre«) wird in der Taufformel zusammengefasst, die aus Matthäus 28,19 abgeleitet ist: »Ich taufe dich auf den Namen des Vaters, der Sohnes und des Heiligen Geistes«.

Wir glauben an die Dreieinigkeit, obwohl sie für uns unfassbar ist, weil die Bibel sie lehrt. Der Begriff »Dreieinigkeit« findet sich zwar nicht wörtlich in der Bibel, aber er ist ein passender Ausdruck, um die Lehre der Bibel zu beschreiben. Wir können das Dogma mit Worten ausdrücken und so die biblische Lehre zusammenfassen; darüber hinaus aber können wir nur wenig verstehen. Unsere begrenzte Erkenntnis ermöglicht uns lediglich, die Aussagen festzuhalten: alle drei Personen der Dreieinigkeit sind Gott und in jeder Hinsicht ebenbürtig. Sie sind ein einziger Gott in drei Personen. Sie sind voneinander zu unterscheidende Personen, nicht ein einziger Gott, der zu unterschiedlichen Zeitpunkten als die eine oder andere dieser Personen erscheint. Bei der Taufe Jesu waren eindeutig alle drei im selben Augenblick gegenwärtig: Der Vater sprach vom Himmel, der Geist kam wie eine Taube vom Himmel herab und – natürlich – wurde Jesus mit Wasser getauft, wodurch er in seinen Dienst als Messias eingesetzt wurde.

Der Sohn, Jesus Christus, nahm menschliche Natur an, während er zugleich seine göttliche Natur behielt. Er war das »Wort«, das »Fleisch« (Mensch) wurde. Worte dienen dazu, Gedanken zu vermitteln. Gottes Gedanken wurden, sofern er sie uns mitteilen wollte, durch Jesus sichtbar und hörbar vermittelt. Jesus war deren Verkörperung (Joh 1,18). Was man von Gott wissen kann, kann man entdecken, wenn man hört und sieht, wie die Evangelien über Jesus berichten und wie diese von Gott inspirierten Schriften seine Taten erklären. Wiederholt sagte Jesus, dass er das tat, was er den Vater tun sah, und das redete, was er den Vater reden hörte (Joh 8,25-28). Doch diese Erkenntnis Gottes in Christus ist, wie uns gesagt wird, dem begrenzten Fassungsvermögen unseres Verstandes angepasst, der nun einmal durch die Sünde beeinträchtigt ist – eine Tatsache, die man gewöhnlich die »noetische« (d. h. »den Verstand betreffende«) Folge der Sünde nennt.

Wir glauben daher an die Dreieinigkeit, weil Gott uns diese in seinem Wort lehrt;[8] und einen besseren Grund dafür könnte es nicht geben.

[8] Hier einige Bibelstellen von vielen, aus denen man die Lehre der Dreieinigkeit ableitet: Mt 3,16.17; Apg 5,3.5; Joh 14,9; 10,30; Eph 6,23; 2Kor 13,13.

Anthropomorphismen

Die Aussage Gottes in 1. Mose 6,7, es reue ihn, dass er den Menschen gemacht hat, kommentierte Heinrich Bullinger, der Nachfolger des berühmten Zürcher Reformators Zwingli, wie folgt:

> Reue wird Gott im bildlichen Sinn zugeschrieben, als empfände er wie sterbliche Menschen, so etwa als er sagt: »Es reut mich, dass ich den Menschen gemacht habe.« Anders als Menschen reut nämlich Gott nichts (was in seiner Natur gründet), so dass ihn kein Kummer berührt noch dass ihm nun irgendetwas missfiele, das ihm zuvor gefallen hat … (Dekade 4, zweite Predigt)

Bullinger spricht hier von einer anthropomorphen Ausdrucksweise, die Gott, seine Gedanken und seine Taten so beschreibt, als ob er ein Mensch wäre. Gott benutzt in der Bibel häufig anthropomorphe Sprache, um uns etwas zu erklären, damit es uns leichter fällt zu verstehen, was er meint. Zum Beispiel sagt er in Jesaja 59,1, dass sein Arm nicht zu kurz sei, um zu retten. Er verwendet eine Redewendung, um uns zu verdeutlichen, dass er alle nötige Macht besitzt, um zu retten. Wenn er also von Reue spricht, sagt Gott damit tatsächlich etwas, das mehr über den sündigen Menschen offenbart als über Gott. Er sagt: Wäre er ein Mensch, dann müsste er seine Meinung darüber korrigieren, dass es weise war, den Menschen zu machen, weil dieser überaus sündig geworden ist. Natürlich kennt Gott keine solchen Gedanken. Woher wissen wir, dass das die richtige Auslegung dieses Verses ist? Wir wissen es daher, weil die Schrift anderweitig, wo sie tatsächlich das Wesen Gottes beschreibt, ausdrücklich sagt: Gott »ist kein Mensch, dass er etwas bereuen müsste« (1Sam 15,29). Es liegt also kein Widerspruch vor: die eine Stelle spricht von der Natur Gottes, die andere spricht mit menschlichen Worten (anthropomorph), als ob er ein Mensch wäre, der zu sich selbst spricht. Gott redet so, um uns verstehen zu helfen: die Welt ist derart verdorben, dass Gott (wäre er ein Mensch) es bereuen würde, zuvor den Menschen gemacht zu haben.

Weiter: Gott ist kein Fels, obwohl die Schrift ihn so nennt, oder eine Festung, wie uns die Bibel wiederum anderweitig sagt. Er ist keine kosmische Henne, obwohl er uns mahnt, »unter seinen Flügeln« Schutz zu suchen. Es dient zu unserem Besten, dass all diese Bildworte in Bezug auf Gott verwendet werden. Wir sind so dumm, dass uns biblische Lehre auf solche Weise dargelegt werden muss. Darüber hinaus wird durch solche Metaphern manchmal etwas anschaulicher, da sie uns mehrere Dinge auf einmal mitteilen. Wenn man sich ein Küken vorstellt, das unter den Flügeln seiner Mutter Schutz sucht, verbindet man damit Fürsorge, Wärme, Nähe und dergleichen – all das ist in einem einzigen Bild enthalten. Sprache bekommt erst dann eine solche Effizienz des Ausdrucks, wenn sie sich Bilder bedient.

Wenn wir also davon lesen, dass Gott darüber bekümmert war, den Menschen geschaffen zu haben, solltest du, wie Bullinger anmerkt, dir Gott nicht so vorstellen, als säße er im Himmel und weinte über einen Fehler, den er gemacht hätte. Vielmehr begibt er sich auf unser Niveau herab, um mit Begriffen zu uns zu reden, mit denen wir uns identifizieren können. Darüber hinaus sind diese Redewendungen, mit denen Gott beschrieben wird (ein Turm oder eine Burg zum Beispiel) gewöhnlich anschaulich und somit eindrucksvoll und leicht zu merken.

Eine Schlussbemerkung: Das Wort »anthropomorph« setzt sich aus zwei griechischen Wörtern zusammen: *ánthropos* (»Mensch«) und *morphê* (»Gestalt«, »Form«). Gott spricht an Stellen wie 1. Mose 6 so, als ob er ein Mensch wäre – und zwar allein deshalb, weil dies zu unserem Nutzen ist.

Gottes unergründliche Liebe und Gnade

Wenn man über Gottes Liebe schreibt, dann erkennt man die eigene schwache, begrenzte und von der Sünde verdorbene Natur. Man schreibt, aber versagt – weil das eigene Denken verdorben ist.

Gott ist ein Gott der Liebe und Gnade, voller Barmherzigkeit und Güte, die sich auf seine ganze Schöpfung erstrecken. Dies erweist sich daran, dass er seinen Geschöpfen auf Erden schier unendlich viele Gnadengaben gibt. Da ist zunächst die Gabe des Lebens mit allem, was dazu gehört. Dann hat er dem Menschen Verfügungsgewalt über die Natur gegeben, und auch jetzt nach dem Sündenfall hat der Mensch noch diese Verfügungsgewalt. Die größte Gabe aber von allen, die alle anderen weit übertrifft, ist die unschätzbare Gabe seines einzigen Sohnes Jesus Christus, dem Retter und Herrn der Christen.

Diese Gabe unterscheidet sich von allen anderen, denn sie ist eine Gabe der unergründlichen Gnade Gottes und sie erfordert es, geopfert, ja förmlich zerstört zu werden: Derjenige, der diese Gabe ist, muss sterben, um den Menschen zu erlösen und zu erneuern, damit dieser tauglich für das Leben im himmlischen Paradies wird, dem ewigen Königreich Gottes. Gottes Liebe erweist sich im höchsten Maße in dieser Gabe seines Sohnes. Menschen können aufgrund ihrer Begrenzungen nur ansatzweise erfassen, »was die Breite und Länge und Höhe und Tiefe« dieser Liebe ist (Eph 3,18). Deshalb kann keine Erklärung dieses Themas ihm je gerecht werden. Eine Sache jedoch kommt in der Bibel immer wieder vor: Gottes zeigt seine Liebe dadurch, dass er etwas gibt. Der wohlbekannte Vers Johannes 3,16 ist ein Beispiel dafür. Galater 2,20 (»der sich selbst für mich hingegeben hat«) unterstreicht das, und es fällt nicht schwer, beliebig viele weitere Bibelstellen zu finden, die diese Aussage stützen.

Die Tatsache, dass Gottes Liebe eine gebende Liebe ist, hilft uns die Aussage zu verstehen, dass Gott Liebe ist. Er ist der Gebende.

In Christus hat er alles gemacht und gegeben, was der Mensch braucht, um sich ewig des Lebens in Gottes Gegenwart erfreuen zu können. Welche größere Gabe könnte es geben als die, dass Christus sich selbst gab?

Zu Gottes Geberliebe gehört seine Gnade. Gott hat seine Gaben über die Maßen gegeben. Gott hat uns Gaben »trotz allem« gegeben. Er gab seinen Sohn für schuldige Sünder, die nichts als die Hölle verdienen. Das ist Gnade! Viele bezeichnen Gnade als »unverdiente Gunst«. Das ist sie sicherlich, aber sie ist noch weit mehr: sie ist eine Gunst, die Gott denen erweist, die das Gegenteil verdienen. Seine Gnade gilt Unwürdigen und Undankbaren, Uninteressierten und Rebellen. Sie erstreckt sich auf Verrufene und Verstockte, die sie überwältigt und zum Herrn zieht, der für sie gestorben ist. »Gnade! Gnade! Wunderbare Gnade!« – Dies schrieb ein Liederdichter, um uns zu helfen, Gottes liebevolle Gnade wenigstens ansatzweise verkünden und rühmen zu können. Der Mensch kann kaum mehr tun, um Gott dafür zu danken, als dass er (aus Gnade) »zum Lob seiner herrlichen Gnade« lebt (Eph 1,6).

Jona, Vorsehung und Außerirdische

Jona? Was hat das Buch Jona mit Theologie zu tun?

Nun, jeder kennt die Geschichte Jonas; andererseits aber kennt sie scheinbar praktisch niemand.

»Nun mach mal halblang«, wird da mancher sagen: »Ich kenne die Geschichte! Es geht darum, dass jemand von einem großen Fisch verschluckt wurde. Jedes Kind weiß das!«

Ach, wirklich? Dann erkläre mir bitte Folgendes:

Was ist seine Botschaft? Warum wurde es geschrieben? Was sollen wir nach Gottes Willen daraus lernen? Liegt der Schwerpunkt des Buches auf Jona, dem Fisch oder auf Ninive? Im ganzen Buch handeln nur drei Verse von jenem Fisch; also kann das erstaunlichste aller Ereignisse darin nicht das Hauptthema sein. Geht es bei allem um Jonas Ungehorsam? Oder vorwiegend darum, dass die größte damalige Stadt Buße tat? Wozu enthält das Buch ein Gebet, das ein ganzes Kapitel lang ist – ist das etwa wichtig? Oder ist das Buch eine Prophetie, die mehrere Dinge bezweckt, und steckt voller kleiner Lektionen? Das sind sicher gute und wichtige Fragen, die gut begründete Antworten verlangen.

Ich wiederhole: Jeder denkt, er würde über Jona Bescheid wissen, aber nur wenige tun das wirklich.

Was man auch sonst noch über das Buch Jona sagen kann, einer Sache kannst du dir sicher sein: Gott steht im Mittelpunkt von allem, was sich darin ereignet. Aber wie? Welcher Lektion man darin auch begegnen mag (oder auch nicht) – alles läuft auf die Erkenntnis heraus, dass Gottes souveräne Vorsehung hoch über allem steht.

- Gott sandte den Sturm;
- Gott sandte den großen Fisch;
- Gott sandte Jona sicher und wohlbehalten an Land;
- Gott sandte die Rizinusstaude;

- Gott sandte den Wurm;
- Gott sandte den sengenden Ostwind;
- Gott handelt im Buch Jona!

Zweifellos ist Gott die Hauptfigur. Sein Tun sticht heraus. Aber es geht nicht allein um die Größe Gottes, so deutlich sie auch wird. Das Buch erzählt davon, dass Gott in der Welt aktiv handelt. Es ist in erster Linie ein Buch, das lehrt, dass er in seiner Vorsehung alle Dinge in der Hand hält. In einer Episode erzählt es, wie Gott die Naturgewalten und die Menschen lenkt, um seinen Willen zu vollbringen. Darum geht es in diesem Buch. Und deshalb ist das Buch so wichtig, wenn es um die Lehre der Vorsehung geht.

Die meisten Leser (oder Nichtleser, die außer der Geschichte mit dem Fisch nichts davon kennen) richten ihr Augenmerk auf das erstaunliche Ereignis in der Mitte der Erzählung. Dadurch übersehen sie vollständig, worauf das Buch ganz klar den Schwerpunkt setzt: auf die Vorsehung Gottes. Doch wenn man dies erst einmal erkannt hat, sticht nichts deutlicher heraus, als dass Gott in seiner Schöpfung aktiv handelt und tut, was ihm gefällt.

Was ist Vorsehung? Nirgends finden wir eine so gute Erklärung dieser Lehre wie in den Ereignissen im Buch Jona. Wenn du das Buch untersuchst, wirst du unweigerlich folgende Tatsachen feststellen, die zur Lehre der Vorsehung Gottes gehören:

1. Vorsehung heißt: Gott herrscht uneingeschränkt über das Weltall, das er geschaffen hat. Er erhält es und lenkt dessen Lauf.
2. Sie heißt, dass Gott aktiv handelt und ausführt, was er für seine Schöpfung geplant und bezweckt hat.
3. Sie heißt, dass Gott bis ins Detail über alles vollkommen im Bilde ist, was mit jedem einzelnen Menschen geschieht.
4. Sie heißt, dass Gott sich aktiv um die Seinen kümmert und für sie sorgt – selbst wenn sie wie im Fall Jonas seinem Willen widerstreben.

Kurz gesagt: Vorsehung heißt, dass Gott Gott ist – und dass er wie Gott handelt!

Die Lehre der Vorsehung steht im Gegensatz zur aufklärerischen Doktrin des so genannten Deismus. Dieser lehrt, dass Gott zwar das Universum schuf, sich aber dann von der Welt abwandte und zuließ, dass sie ohne sein weiteres Eingreifen ihren eigenen Lauf nimmt. Vor allem anderen aber verbietet der Deismus, dass Gott aktiv an dem teilhat, was tagtäglich geschieht. Der Gott des Deismus ist ein Gott, der praktisch abwesend ist. Die deistische Lehre schließt letzten Endes aus, dass Gebet überhaupt einen Sinn hat. Falls Gebet überhaupt etwas bewirkt, dann dass jemand sich im Selbstgespräch autosuggestiv Mut zuspricht. Sollte Gott sich überhaupt dazu herablassen, Gebete zu hören, dann würde er sich gewiss nicht die Mühe machen, sie zu erhören. Bestenfalls würde er aus reiner Neugierde »zuhören«. Die Lehre des Deismus ist daher zu nichts anderem gut, als Gott dem Menschen im Alltag vom Leib zu halten. Sie ist das Gegenteil von Vorsehung.

Im Gegensatz dazu ist Vorsehung die biblische Lehre, dass Gott persönlich und direkt daran interessiert und beteiligt ist, was in seiner Schöpfung geschieht und insbesondere im Leben der Engel und der Menschen. Die Bibel sagt uns nichts über interplanetarische oder intergalaktische Intelligenz. Uns ist daher nicht bekannt, ob es andere empfindungsfähige Lebewesen gibt, an denen Gott persönlich interessiert wäre, es sei denn die, welche die Schrift erwähnt. Und tatsächlich erwähnt die Schrift solche Wesen: die Engel (einschließlich der gefallenen).

Wenn wir davon ausgehen, dass Gott die Welt nicht sich selbst überlassen hat, sondern die Welt lenkt und beherrscht und eine Beziehung uns hat, könnten wir daraus schließen, dass gleiches für seine Beziehung zu nicht-menschlichen Geschöpfen gelten würde. Bedenken wir aber, dass der Schöpfer zur Rettung rebellierender Sünder auf Erden persönlich eingegriffen hat (dass er die menschliche Natur annahm, um uns durch das Kreuz zu erlösen), dann darf man sehr bezweifeln, dass sich ein solches persönliches Interesse irgendwo sonst im Universum manifestiert hätte (wenn es denn nötig gewesen wäre). Warum? Weil das, was sich bei Inkarnation, Tod und Auferstehung Jesu Christi ereignete, offenkundig einzigartig ist und nicht irgendwo anders im Universum wiederholt werden kann.

Wem erteilt Gott eine »Erlaubnis«?

Wenn ich hier in South Carolina Auto fahren will, muss ich die Berechtigung dazu erwerben, indem ich bei einer Prüfung nachweise, dass ich das Autofahren beherrsche. Wenn ich dabei durchfalle, darf ich kein Auto auf öffentlichen Straßen fahren. Wenn ich wie Paris Hilton und andere Hollywood-Berühmtheiten dabei erwischt würde, betrunken Auto zu fahren, dann würde mir die Fahrerlaubnis entzogen. In all diesen Fällen hätte eine übergeordnete Autorität das Recht, mir die Fahrerlaubnis zu erteilen oder zu entziehen. Autofahren ist kein Grundrecht, sondern ein Vorrecht. Um legal Auto fahren zu können, bin ich vollkommen vom Willen einer Autorität abhängig, die außerhalb von mir steht.

Dieses Alltagsbeispiel einer höheren Macht, die einem etwas erlaubt, weil es ihrer Amtsvollmacht obliegt, ist leicht verständlich. Es ist daher sehr traurig zu hören, wenn manche Prediger (darunter einige sehr berühmte) über einen verwüstenden Wirbelsturm wie Katrina[9] oder über einen Tornado, der eine ganze Stadt dem Erdboden gleich gemacht hat, den Kommentar abgeben: »Gott hat es erlaubt (oder zugelassen).« Das ist nicht wahr. Doch genau das sagen Prediger immer wieder.

Natürlich ist Gott eine »höhere Gewalt« – die höchste Gewalt; das ist eine Binsenweisheit. Doch welcher Person oder Gewalt außerhalb seiner selbst »erlaubt« er, solche Tragödien herbeizuführen? Der Staat South Carolina hat natürlich nicht sich selbst die Erlaubnis zum Autofahren erteilt. Er erteilt eine solche Erlaubnis, ein Fahrzeug zu führen, mir als ihm untergebener, aber von ihm verschiedener Person. Welcher Person außerhalb seiner selbst erlaubt Gott, Erdbeben und Tsunamis herbeizuführen?

---

[9] Der Hurrikan Katrina war ein tropischer Wirbelsturm im August 2005, der durch besonders große Schäden im Süden der USA, u.a. der Überflutung von New Orleans, in die Geschichte einging (Anm. d. Herausgebers).

Nun, du dürftest sofort die Antwort auf den Lippen haben: »Satan.« Schließlich kennen wir den Fall Hiob. Aber sind alle Katastrophen ein Werk Satans? Hiobs Situation war einzigartig. Hiob »war ein untadeliger und rechtschaffener Mann, der Gott fürchtete und das Böse mied« (Hiob 1,1). Gott hat Satan erlaubt zu prüfen, was Gott bei einem solchen Menschen bewirken kann. Nirgendwo sonst deutet die Schrift an, dass auch andere Gläubige auf solche Weise geprüft würden. Sicherlich möchte ich mich nicht auf dieselbe Stufe stellen wie dieser außergewöhnliche Hiob. Würdest du das? Die meisten von uns Christen sind Hiob geistlich nicht ebenbürtig, und in 1. Korinther 10,13 sagt Gott, dass er uns nicht über das hinaus prüfen wird, was wir ertragen können. Das ist in den meisten Fällen weit weniger als das, was Hiob widerfuhr.

Es ist gut, dass das Buch Hiob in der Bibel steht, denn es zeigt: Gott kann einen Menschen so sehr heiligen, dass er die schlimmsten Prüfungen unter den widrigsten Umständen bestehen kann. Doch liefert das Buch keinen Beweis, dass es Satan erlaubt sei, uns genauso anzugreifen wie Hiob. Vielmehr sagt Johannes in Bezug auf den Gläubigen: »der Böse [Satan] tastet ihn nicht an« (1Jo 5,18). Wenngleich wir viel von Hiob lernen können, so müssen wir doch einfach bedenken, dass sein Fall einzigartig ist.

Ich frage also erneut: Wem erlaubt Gott, Wirbelstürme und andere Katastrophen herbeizuführen?

Die Antwort lautet schlicht: niemandem. Gott höchstpersönlich bestimmt, wann und wo solche Dinge geschehen. Es war nicht so, dass Gott den Untergang der Völker Kanaans »erlaubt« hätte, die dort zur Zeit des Buches Josua lebten. Gott selbst brachte Gericht über sie, nachdem »das Maß der Schuld der Amoriter voll« war (vgl. 1Mo 15,16). Gott »gestattete« auch nicht den Römern, dass sie 70 n. Chr. Jerusalem und den Tempel zerstörten. Er selbst bewegte sie dazu. Dies sind keine Beispiele dafür, dass Gott jemandem erlaubt hätte, das betreffende Unheil herbeizuführen. Er war es höchstpersönlich, der jedes dieser Ereignisse nicht nur vorhersagte, sondern die Vorhersagen auch erfüllte.

Natürlich bedient Gott sich immer wieder eines Werkzeugs oder eines Mittels, um seinen Willen auszuführen. In vergangenen Jahrtausenden erweckte Gott das babylonische, das medo-persische, das griechische und das römische Weltreich (was das Buch Daniel thematisiert), um seinen Vorsatz zu vollführen. Diesen Weltreichen wurde nicht nur »erlaubt«, einer nach dem anderen ihr jeweiliges Vorgängerreich zu vernichten. Das riesige metallene Standbild aus Daniel 2 war kein Symbol dessen, was Gott in künftigen Zeiten »zulassen« würde; es war ein Bild, das prophetisch voraussagte, wie Gott die Weltgeschichte in Bezug auf sein Volk *lenken* würde. Als Gott von den »vier schweren Strafen« sprach, die er über Jerusalem schicken werde – Schwert, Hunger, wilde Tiere und Pest (Hes 14,21) –, »erlaubte« er nicht, dass diese Gerichte geschähen, sondern er *verordnete* sie, um seinen Plan auszuführen. Er nennt diese Naturgewalten »*meine* vier bösen Gerichte« und macht dadurch klar, dass er seit jeher über die passenden Waffen verfügt – wie Pfeile im Köcher –, um Rebellen in die Knie zu zwingen. Diese Katastrophen sind seine Waffen, die er mit eigener Hand benutzt. Solche Naturgewalten bitten ihn nicht um Genehmigung, damit er ihnen erlaube, Schaden anzurichten. Er ist es, der kundtut: »Denn siehe, bei der Stadt, über der mein Name ausgerufen ist, beginne ich Unheil zu wirken« (Jer 25,29). Dann fährt er fort: »Ich rufe das Schwert über alle herbei, die auf Erden [oder: im Lande] wohnen.« Eines ist sicher: Das Schwert bittet nicht um Gottes »Erlaubnis«!

Durch ein derart weichgespültes Gewäsch, Gott würde Unglücksfälle lediglich »zulassen«, vermitteln Prediger Außenstehenden den Eindruck, Gott hätte die Welt nicht im Griff, die er geschaffen hat. Sie wenden sich ab. Sie wollen kein Wesen anbeten, dem die direkte Kontrolle über seine Vorsehung entglitten ist. Wer will schon einen Gott verehren, der den Launen von Mächten oder Personen unterworfen ist, die ihn um Erlaubnis beknien, Unheil zu stiften? Sich ihn derart »sanft« vorzustellen, ist alles andere als eine Verteidigung Gottes – auch wenn das jene meinen, die da so sanft dahersäuseln. Gott braucht nicht verteidigt zu werden. Er ist im Regiment; er herrscht so über die Welt, wie es ihm recht erscheint, und er ist niemandem Rechenschaft schuldig. Was auch immer er bestimmt, ist gerecht; ja, er selbst ist der Maßstab für Recht und Unrecht. Und er »wirkt alles nach dem Ratschluss seines Willens«

(Eph 1,11). Gott herrscht nicht, indem er irgendwem oder irgendetwas außer seiner selbst etwas erlaubt oder nicht. Er vollbringt seinen eigenen heiligen Willen, ohne dass ihn jemand berät, drängt oder beeinflusst. Er lässt Katastrophen nicht zu; er plant sie und führt sie herbei, um seinen guten Vorsatz zu vollbringen und um sein Volk zu segnen. Wir können nicht immer verstehen, warum er so handelt oder wie in einem Tornado ein Segen liegen könnte; aber wir müssen an der Wahrheit festhalten, dass Katastrophen das Werk der Vorsehung Gottes sind, die letzten Endes ihn verherrlichen und der Gemeinde zum Besten dienen.

Hören wir also auf, so zu reden, als ob es Dinge oder Mächte außerhalb von Gott gäbe, denen er erlaubt oder verweigert, ihren Willen zu tun! Lasst uns vielmehr mit der ganzen Heiligen Schrift bekennen, dass Gott in der gesamten Geschichte so handelt, wie er will, ohne für irgendetwas vorher um Erlaubnis bitten zu müssen. Wenn dem also nicht so ist, will ich dich fragen: »Wem wurde die Erlaubnis erteilt, Katrina losstürmen zu lassen?«

Der Heilige Geist

Wir leben im Zeitalter des Heiligen Geistes. Als Jesus verhieß, einen »anderen Beistand« zu senden, versprach er, uns nicht allein zu lassen. Dieser neue Beistand, der Heilige Geist, sollte für uns all das sein, was Jesus war, als er auf Erden diente (Joh 14,16.17).

Für das deutsche Wort »anderer« gibt es im Griechischen zwei verschiedene Wörter. Das eine bedeutet »andersartig«, das andere hingegen »noch jemand, der genau wie der erste ist«. Jesus bezeichnet den Heiligen Geist als einen anderen Beistand, der genauso ein Beistand ist wie er. Aber es gibt auch Unterschiede. Zum einen ist der Heilige Geist – im Gegensatz zu Jesus während seines irdischen Dienstes – nicht räumlich begrenzt. Als allgegenwärtiger Geist kann er immer und überall zugleich für Gottes Volk da sein – was Jesus im Fleisch nicht konnte. Das neue Reich Christi ist, anders als das Volk Israel, nicht auf eine kleine Region der Erde beschränkt; es ist weltweit und reicht bis an die entlegensten Winkel der Erde. Darum ist der Dienst des Heiligen Geistes nötig.

Der Heilige Geist kam nicht, um sich selbst, sondern um Jesus zu verherrlichen (Joh 15,26; 16,12-15). Er tut bzw. tat dies, indem er Jesu Werke verherrlicht und die Propheten und Apostel inspirierte. Die Leute und Gruppen, die heute mehr vom Heiligen Geist reden als vom Erlöser, begehen einen schwerwiegenden Fehler. Sie neigen hierdurch dazu, das Evangelium zugunsten subjektiver Erfahrungen zu verdunkeln. Aber der Heilige Geist hält sich im Hintergrund und wirkt auf eine Weise, die seine Gegenwart und sein Handeln bezeugen, so wie der Wind nicht sichtbar ist, sehr wohl aber das, was er bewirkt (Joh 3,8). Gleichwohl ist der Heilige Geist der stille Unsichtbare, der im Verborgenen die Wiedergeburt und die Heiligung des Gläubigen wirkt. Der Gläubige wird »nach dem Geist geboren« (Gal 4,29) und wächst durch das Wirken des Heiligen Geistes (Gal 5,22f). Der Heilige Geist übt im jetzigen Zeitalter den entscheidenden Einfluss auf unseren Lebenswandel aus.

Doch es gibt noch mehr zu sagen. Die dritte Person der Dreieinigkeit ist der »Geist der Wahrheit« (Joh 16,12ff). Er ist die Quelle der Wahrheit. Er ist »die Salbung« (1Jo 2,26f), die sein Volk durch das Wort, das er inspiriert hat, alles lehrt. Er ist es, der den Aposteln die Fülle der Wahrheit (»die ganze Wahrheit«; Joh 16,13) offenbart hat, und die Apostel haben diese Wahrheit wiederum in der Heiligen Schrift festgehalten. Aber das ist noch nicht alles: der Heilige Geist inspirierte sie dazu, die Wahrheit unfehlbar in der Bibel niederzuschreiben und hilft ebenso dem Christen, sie richtig auszulegen. Er entfaltet hinter den Kulissen äußerste Betriebsamkeit. Er »bewegte« die Verfasser der Bibel, genau das zu schreiben, was sie schreiben wollten, wie er sie zugleich bewegte, genau das zu schreiben, was sie nach seinem Willen schreiben sollten. Die Erstellung dieses Gemeinschaftsproduktes geschah somit sozusagen simultan. Als Ergebnis davon haben wir in der Bibel nicht nur »alle Wahrheit«, die wir nach Gottes Willen haben sollen, sondern auch »alles, was zum Leben und zur Gottseligkeit erforderlich ist« (2Petr 1,3 MEN). Sie lehrt uns den Glauben, »der den Heiligen ein für alle Mal überliefert worden ist« (Judas 3 SCH).

Wir müssen dem Herrn Jesus dankbar dafür sein, dass er dafür sorgte, dass von einem kleinen Bauernvolk, das wie ein Spielball zwischen den Großmächten der Antike eingekeilt war, der Segen und alles geistlich Notwendige für sein weltweites Volk ausging.

Wessen Pläne kommen zustande?

Wir alle kennen das Sprichwort: »Der Mensch denkt, aber Gott lenkt.« Viele meinen, es wäre genau umgekehrt richtig: »Gott denkt, aber der Mensch lenkt.« Doch damit liegen sie völlig verkehrt!

Der Mensch kann Gottes Pläne schlicht und einfach nicht ändern, auch wenn die Vertreter dieser Ansicht das meinen.

Gott hat sich nicht bloß etwas ausgedacht, sondern er hat alles von Ewigkeit her geplant, und der Mensch tut dann, was Gott zuvor geplant hat. Nun geschieht das so, dass der Mensch tut, was er selbst vorhat (ohne dass er dazu von außen gedrängt würde), aber immer stellt sich heraus, dass dies genau das ist, was er nach Gottes zuvor gefasstem Plan tun sollte.

Das menschliche Handeln erfüllt also Gottes Pläne. Wenn du mir das nicht glaubst, dann lies 1. Mose 45,5+7 und 1. Mose 50,20, wo Josef zu seinen Brüdern sagte:

> Nun beunruhigt euch aber nicht und macht euch keine Vorwürfe darüber, dass ihr mich hierher verkauft habt! Denn um uns alle am Leben zu erhalten, hat Gott mich euch vorausgesandt. … Darum hat Gott mich euch vorausgesandt, um das Fortbestehen eures Geschlechts auf Erden zu sichern und um euch, eine große Schar von Erretteten, am Leben zu erhalten.
>
> Ihr freilich hattet Böses gegen mich im Sinn, aber Gott gedachte es zum Guten zu wenden, um das auszuführen, was jetzt klar zutage liegt, nämlich um viele Menschen am Leben zu erhalten.

Josefs Brüder hatten nur eines im Sinn und führten es aus; Gott aber hatte etwas vollkommen anderes im Sinn – und auch das führten sie aus! Ihre und Gottes Absichten kamen auf eine solche

Weise zustande, dass Josefs Brüder zu Recht für ihre Taten verantwortlich waren und zugleich dadurch Gottes Willen ausführten.

Um mehr über dieses Thema aus der Bibel zu lernen, lies:

> … diesen Mann [Jesus], der durch Gottes Ratschluss und Vorsehung dahingegeben war, habt ihr durch die Hand der Heiden ans Kreuz geschlagen und umgebracht. (Apg 2,23 LUT)
>
> Wahrhaftig, sie haben sich versammelt in dieser Stadt gegen deinen heiligen Knecht Jesus, den du gesalbt hast, Herodes und Pontius Pilatus mit den Heiden und den Stämmen Israels, zu tun, was deine Hand und dein Ratschluss zuvor bestimmt hatten, dass es geschehen solle. (Apg 4,27-28 LUT)
>
> Vielerlei Pläne sind im Herzen eines Menschen, aber der Ratschluss des HERRN, der wird zustande kommen. (Spr 19,21 MEN)

Der Mensch denkt, aber Gott lenkt!

4

Der Mensch und die Sünde (Anthropologie und Harmatologie)

Das Problem des Menschen

»Wenn man überlegt, wie schlimm es um die Welt bestellt ist, dann fällt es manchen schwer zu glauben, dass ein Gott der Ordnung sie geschaffen hat und erhält.«

Natürlich ist es verständlich, dass dies schwer zu glauben ist – solange du nicht den Grund für diese Unordnung kennst: Erst kam der Mensch, dann die Sünde, dann die Zerstörung, dann das Chaos.

Gottes Schöpfung war einst in vollkommener Ordnung und vollständig makellos. Adam jedoch, der Repräsentant der ganzen Menschheit, sündigte – und die ursprüngliche Vollkommenheit des Planeten samt aller Geschöpfe darauf war dahin. Paulus sagt, dass »die gesamte Schöpfung bis zum heutigen Tag seufzt und in Geburtswehen liegt« (Röm 8,22 EIN). Doch eines Tags wird Gott sowohl den Menschen als auch die Welt, die der Mensch auf das Übelste zugerichtet hat, neu machen und den zur Vollkommenheit gebrachten Gläubigen eine herrliche Wohnung als Lebensraum geben.

Sünde ist die Übertretung der Gebote Gottes. Sie ist Ungehorsam gegenüber einem heiligen Gott. Sie ist der Versuch des Menschen, in einer Welt autonom zu werden, die für ihn gemacht wurde, damit er unter Gottes Fürsorge und für ihn leben sollte. Der Mensch will Gottes Willen umstürzen.

Seit Adam in Sünde fiel und die gesamte Menschheit mit ihm, haben alle bis auf einen vorsätzlich gegen Gott und gegeneinander gesündigt. Das Problem ist, dass der Mensch versucht, das Leben nach seinem eigenen Willen statt nach Gottes Willen zu gestalten. Aber mit dieser Umgestaltung der Welt ist er vollkommen gescheitert, weil die Welt nur nach den Regeln funktioniert, für die Gott sie geschaffen hat. Die Dinge laufen nun einmal so und nicht anders. Und obwohl der Mensch sich seines Scheiterns bewusst ist, beharrt er darauf, es auf seine eigene Weise zu versuchen; er lernt einfach nichts aus der Geschichte. Diesem vergeblichen menschlichen Bemühen, die Dinge wieder ins Lot zu bringen, entgegnet Gott: »... meine Gedanken sind nicht eure Gedanken, und eure Wege sind nicht meine Wege, spricht der HERR« (Jes 55,8). Der Grund für Kriege, Krankheit, Sorge, Schmerz, Laster und Verderben aller Art liegt also darin, dass der Mensch dem Kosmos eine Ordnung aufzwingt, die durch die Sünde geprägt ist. Der sündige Mensch hat alles Heilige und Liebenswerte pervertiert und sich für das entschieden, was das Lasterhafte und Hässliche fördert statt das Schöne und Gute.

Gelegentlich gibt es noch etwas, das (wenn auch nur annähernd) auf die einstige Vollkommenheit des verlorenen Paradieses hinweist. (Zugleich sind das auch Hinweise darauf, wie es eines Tages wieder sein wird, wenn auch in weit größerem Maße.) Doch auch solche Lichtblicke müssen immer wieder bald und brutal dem Schmutz und der Verderbnis weichen. Hier auf Erden ist alles nichtig, wie uns Salomo im Buch Prediger immer wieder sagt. »Wir haben hier keine bleibende Stadt« (Hebr 12,14), in der wir als Gotteskinder sicher und geborgen leben können. Alles ist im Fluss.

Es ist von entscheidender Bedeutung, dass wir verstehen: Sünde ist in ihrem Wesenskern Götzendienst – die Anbetung erschaffener Dinge und des eigenen Ich. Dies führt zwangsläufig zu der Gesetzlosigkeit, die wir überall sehen. Wenn der Mensch sich von Gottes Gesetz abwendet, um sich selbst Gesetz zu sein, kann dies nur zu einem einzigen, unausweichlichem Ergebnis führen: zu der Unordnung, die wir gerade betrachtet haben. Alle Entscheidungen haben Konsequenzen: Wer zu Gott »Nein« sagt, sagt »Ja« zu Elend und Chaos.

Was ist der Mensch?

Wer und was ist dieses Geschöpf Gottes, das diese Welt so sehr durcheinander gebracht hat? Der Mensch ist von Gott nach dessen Ebenbild erschaffen worden, damit er das Wesen seines Schöpfers widerspiegeln sollte. Dass der Mensch mit einer zweifachen Natur geschaffen wurde und aus Leib und Seele besteht, wird aus Stellen wie der deutlich, wo Jesus uns ermahnt, den zu fürchten, der die Macht hat, sowohl Seele als auch Leib in der Gehenna, der Hölle, zu verderben (Mt 10,28).

Als der Mensch wie von Gott angekündigt sündigte, starb er geistlich und begann auch leiblich zu sterben. Auch war er zum ewigen Tod verurteilt. Wie diese Dinge in Beziehung zueinander stehen, kann kompliziert erscheinen; deshalb will ich es kurz erklären. Das leibliche Leben besteht daraus, dass Leib und Geist miteinander vereint sind (der Geist wird auch »Seele« genannt, wenn er mit dem Leib vereint ist und diesen belebt). Der leibliche Tod ist – wie Jakobus sagt – die Trennung des Geistes vom Leib (Jak 2,26). Geistliches Leben bedeutet, dass die Seele mit Gott durch Christus vereint ist. Der geistliche Tod ist die Trennung der Seele von Gott. Ewiges Leben bedeutet, dass Leib und Seele für immer mit Gott vereint sind. Der ewige Tod bedeutet, dass Leib und Seele in alle Ewigkeit von Gott getrennt sind. Die folgende Tabelle stellt dieses Beziehungsgeflecht dar (+ bedeutet vereint, – bedeutet getrennt):

	Leben	*Tod*
leiblich	Leib + Seele	Leib – Seele
geistlich	Seele + Gott	Seele – Gott
ewig	Leib + Seele + Gott	Leib + Seele – Gott

Der Mensch wurde als ein abhängiges Wesen geschaffen, das darauf angelegt ist, Gott in allem zu vertrauen. Als der Mensch auf der Weltbühne erschien, hatte er nicht die Antworten auf alle Lebensfragen im Handgepäck dabei. Als er sündigte, entschloss er sich autonom zu werden, d.h. seinen eigenen Weg zu gehen. Er hat daher nicht die geringste Neigung, sich Gott zuzuwenden, um Antworten zu finden. Der geistlich neu geborene Mensch jedoch hat nicht nur die neue Fähigkeit, Gottes Wahrheit zu verstehen (vgl. 1Kor 2), sondern auch ein gottgegebenes Verlangen und die Fähigkeit, diese Wahrheit zu entdecken und ihr nachzufolgen (Phil 2,13).

Wenngleich der Gläubige nicht mehr unter das Verdammungsurteil seines Schöpfers und Richters fällt, da durch das Sühneopfer Jesu alle seine Sünden vergeben sind, muss er dennoch seine Sünden einsehen und seinem himmlischen Vater bekennen. Durch ein solches Bekennen und Vergeben wird eine gesunde, vertrauliche Beziehung aufrechterhalten (Mt 6,12.14.15).

Das Ebenbild Gottes, das der Mensch durch den Sündenfall eingebüßt hat, wird in den Gläubigen durch den innewohnenden Heiligen Geist wiederhergestellt, welcher die Quelle aller guten Frucht ist (Gal 5,22-23). Um diese Frucht hervorzubringen, stellt der Heilige Geist im Wiedergeborenen wieder Gerechtigkeit, Heiligkeit und Erkenntnis her. Das heißt, dass er geistlich heranreift zum Ebenbild Jesu Christi, der das vollkommene Ebenbild Gottes ist (Hebr 1,3). Näheres darüber, wie dieses Wachstum geschieht, habe ich in meinem Buch *Der innere Krieg* geschrieben.[10]

---

10 *Der innere Krieg: eine biblische Strategie für geistliche Kampfführung* (Berneck: Schwengeler, 1991). Vergriffen.

Herzensangelegenheiten

In letzter Zeit wird unter Christen ein Menschenbild immer beliebter, das man als die Sicht der »Götzendienst-Grundursache« bezeichnen kann. Was bedeutet das? Vereinfacht gesagt, meinen die Vertreter dieser Ansicht, dass sich die Probleme des Menschen (und sogar des Christen) im Grunde auf ein einziges Problem reduzieren lassen: Götzendienst. Wenn jemand ein Problem mit seinen Lüsten hat, dann weil er in seinem Herzen einen Götzen aufgerichtet hat, nach dem ihm gelüstet. Wenn sein Problem Faulheit ist, dann geht diese Sünde auf einen »Götzen der Faulheit« zurück. Kürzlich hörte ich, wie ein Vertreter dieser Meinung allen Ernstes Probleme auf einen »Götzen des Schlafs« zurückführte. Schutzbedürfnis und Sicherheit, Anerkennung und Ehre, Arbeit, Familie und Geld – du ahnst es – sie allesamt können Götzen werden, wenn man sie dazu macht. Abgesehen davon, dass dies grober Reduktionismus ist, gäbe es ansonsten kaum etwas an dieser Ansicht auszusetzen – wenn es denn schon alles wäre. Offenkundig haben wir alle Probleme damit, dass wir dazu neigen, etwas oder jemanden an Gottes Stelle zu setzen – und das ist Götzendienst. Doch bei dieser Ansicht geht es nicht allein darum; und deshalb müssen wir die Sache ansprechen.

Was ist das Herz?

Nicht die Gefühle. Die biblische Sicht des »Herzens« unterscheidet sich radikal von unseren heutigen romantischen Vorstellungen. Wer davon spricht, dass Prediger in ihren Predigten »mehr Herzenserkenntnis und weniger Kopferkenntnis« vermitteln müssten, verzerrt unbewusst die biblische Sicht des Herzens Schaden zu, weil diese Vorstellung der biblischen Lehre vom Herzen widerspricht. Man meint damit natürlich, dass Predigten nicht bloß aus Fakten bestehen, sondern auch begeistert vermittelt werden sollen, indem man die Zuhörer auffordert, diese Fakten auf ihren Lebensalltag anzuwenden. Das ist durchaus berechtigt; aber wer so redet, zeigt dadurch, dass er einem unbiblischen Denken auf den Leim gegangen ist. Den Kopf (Verstand) als Gegenstück zum Herzen (im Sinne von Gefühlen) darzustellen, ist dem biblischen Denken vollkommen fremd und widerspricht ihm. Nirgends in der Schrift kann man eine solche Gegenüberstellung von Herz und Kopf finden. Vielmehr verbietet die biblische Lehre so etwas.

»Nun, wie sonst sollte man seine Gedanken zum Beispiel über Heuchelei ausdrücken, wenn nicht durch Gegenüberstellung von Herz und Kopf?«

Dann lies einmal, was die folgenden Verse besagen:

> Dieses Volk ehrt mich mit den Lippen, aber ihr Herz ist weit entfernt von mir. (Mt 15,8; zitiert aus Jes 29,13)
>
> Denn wenn du mit deinem Munde Jesus als den Herrn bekennst und mit deinem Herzen glaubst, dass Gott ihn von den Toten auferweckt hat, so wirst du gerettet werden. (Röm 10,9 MEN)
>
> Wer darf auf den Berg des HERRN steigen? Und wer darf an seiner heiligen Stätte stehen? Wer unschuldige Hände hat und ein reines Herz, wer seine Seele nicht auf Trug richtet und nicht falsch schwört. (Ps 24,3f SCH)
>
> ... ein Mensch sieht, was vor Augen ist; der HERR aber sieht das Herz an. (1Sam 16,7 LUT)
>
> Das Herz des Gerechten überlegt, was es antworten soll, aber der Mund des Gottlosen sprudelt Bosheiten hervor. (Spr 15,28 SCH)
>
> Die Pläne des Herzens sind Sache des Menschen, aber die rechte Antwort der Zunge kommt von dem HERRN. (Spr 16,1 SCH)
>
> ... ihr Herz plant Gewalttat, und Unheil reden ihre Lippen. (Spr 24,2)

Und so weiter, und so fort – die ganze Bibel ist voll davon. Hast du bemerkt, welchen gemeinsamen Nenner diese Zitate haben? Um ganz sicher zu sein: Hier wird stets der innere Mensch dem äußeren gegenübergestellt. Diese Antithesen lauten:

Lippen — Herz;
Mund — Herz;
Hände — Herz
Seele — schwören
Herz — äußere Erscheinung

Das Äußere wird dem Inneren (dem Herzen) gegenübergestellt. Das sind die biblischen Pole – und nicht Kopf gegen Herz. Du findest diese Antithese auch geradeheraus in 1. Petrus 3,3-4, wo der Apostel den äußeren Schmuck des Leibes dem inneren Schmuck dem im Herzen verborgenen inneren Menschen gegenüberstellt. Ebenso ausdrücklich sagt Paulus dies in 2. Korinther 4,16: dort spricht er davon, dass der äußere Mensch vergeht, sein innerer Mensch aber täglich neue Kraft empfängt.

Der biblische Gebrauch des Wortes »Herz« umfasst alles, was im Innern eines Menschen vorgeht. Hebräer 4,12 zum Beispiel spricht davon, dass Gottes Wort den inneren Menschen durchdringt, um sogar die Begierden und Gedanken des Herzens zu richten. In der Tat wird das Wort »Herz« in der ganzen Bibel gebraucht, um jede mögliche Handlung des inneren Menschen zu beschreiben. Es verwundert daher nicht, wenn es in Sprüche 4,23 heißt: »Mehr als alles andere behüte dein Herz; denn von ihm geht das Leben aus« (SCH). Das Wort »Herz« wird oft benutzt, um den ganzen inneren Menschen umfassend zu beschreiben, aber ebenso auch dessen Untermengen. Zum Beispiel bezeichnet das Wort »Sinn« Denken und Entscheidungsfindung. Das Wort »Seele« wird synonym zu »Leben« benutzt, da es sich auf den Geist in Verbindung mit dem Leib bezieht. »Geist« hingegen meint dieselbe immaterielle Sache wie »Seele«, aber in ihrem Zustand ohne Leib. Der Begriff »Herz« umfasst somit alle Unteraspekte in Bezug auf das Innenleben eines Menschen (das »Herz« schließt also auch die Emotionen mit ein).

Verborgen – vor wem?

Wie wir gesehen haben, spricht Petrus vom »verborgenen Menschen des Herzens«. Vor wem ist dieser verborgen? Vor den Menschen. Gott allein kennt das Herz. In Apostelgeschichte 1,24 und 15,8 wird er deshalb »Herzenskenner« genannt. Sprüche 21,2 sagt: »Jeder Weg eines Menschen ist recht in seinen Augen, aber der HERR prüft die Herzen.« Ferner heißt es: »Unterwelt und Abgrund liegen offen vor dem HERRN: um wie viel mehr die Herzen der Menschenkinder!« (Spr 15,11 MEN). Und Sprüche 17,3 versichert uns: »… der HERR aber prüft die Herzen« (SCH). Gott ist der Prüfer, nicht der Mensch. Jeremia 17,9 sagt: »Arglistig ist das Herz, mehr als alles andere, und verschlagen ist es« (MEN). Darauf folgt die Frage: »Wer kann es ergründen?« Oft lässt man beim Zitieren von Jeremia 17,9 den nächsten Vers aus. Dort aber steht, wie Gott selbst diese Frage beantwortet: »Ich, der HERR, erforsche das Herz und prüfe die Nieren« (die Nieren sah man als Sitz der Empfindungen oder Gefühle an). Siehe dazu auch Jeremia 11,20 und 20,12.

Wenn Petrus vom »verborgenen Menschen des Herzens« spricht, dann meint er das auch genau so: Das Herz des Menschen ist anderen Menschen verborgen. Vor wem aber ist es nicht verborgen? Natürlich nicht vor Gott.[11] Es ist daher nicht nur sinnlos, wenn ein Mensch versucht, das Herz eines anderen zu prüfen, sondern auch vermessen. Es ist reine Torheit: Gott ist der Herzenskenner, nicht der Mensch.

Und wenn Gott uns sagt: »Ein Mensch sieht, was vor Augen ist; der HERR aber sieht das Herz an« (1Sam 16,7 LUT), dann teilt er uns mit, dass das Letztgenannte *seine* Sache ist – und nicht die des Menschen. Der Mensch kann sehen und hören, was andere tun und sagen; aber nur Gott kann wissen, was wirklich im Herzen der Menschen ist.

Der Apostel Paulus wies diejenigen, die behaupteten, seine inneren Beweggründe beurteilen zu können, mit folgenden Worten zurück: »Mir ist es aber völlig gleichgültig, ob ich von euch oder von einem menschlichen Gericht beurteilt werde« (1Kor 4,3 ZÜR). Er meinte, dass ein solches Richten wertlos sei. Warum? Er fährt fort: »Ich beurteile mich ja auch nicht.« Auch scheint Paulus es für

---

[11] Dem »verborgenen Menschen des Herzens« (oder seinen Eigenschaften) stellt Petrus das *himátion* gegenüber, d.i. laut *Souter's Lexicon* das »lange, wallende Obergewand«. Das eine ist verborgen, das andere sichtbar.

ebenso irrelevant zu halten, sich selbst zu beurteilen. Er hatte zwar, soweit er sehen konnte, ein reines Gewissen; aber selbst hierin konnte er – so sah er ein – sich irren: »Denn ich bin mir keiner Schuld bewusst, aber dadurch bin ich nicht gerechtfertigt« (Vers 4) Dann fährt er fort: »Der mich aber beurteilt, ist der Herr.« Wir können »die Gedanken der Herzen« (MEN) nicht »vor der Zeit« kennen, weil sie jetzt »im Dunkel« vor den Augen der Menschen verborgen sind (Vers 5). Sie werden erst dann offenbar, wenn »der Herr kommt«. In der Tat macht Paulus hier deutlich, dass er es für durchaus genügend hält, dass man versucht, sein eigenes Herz zu prüfen; das Herz anderer zu prüfen, sollen wir bleiben lassen! Anscheinend hatte Salomo das gleiche Problem. Verzweifelt ruft er aus: »Wer darf sagen: Ich habe mein Herz rein gehalten, ich bin rein von meiner Sünde?« (Spr 20,9). In seinem Gebet bei der Einweihung des Tempels brachte er dies auf den Punkt, indem er erklärte: »Du, du allein kennst das Herz aller Menschenkinder« (1Kön 8,39; 2Chr 6,30). Beide Berichte überliefern diese Worte übereinstimmend.

Eine missverstandene Bibelstelle

Manche Verfechter der oben genannten Ansicht der *Götzendienst-Grundursache* berufen sich auf Hesekiel 14,3 und behauptet, der Ausdruck »Götzen im Herzen« sei biblisch. Dort in Hesekiel 14,3 sagt Gott zu dem Propheten:

> Menschensohn, diese Männer haben ihre Götzen in ihrem Herzen aufkommen lassen und den Anstoß zu ihrer Schuld vor ihr Gesicht gestellt. Sollte ich mich da etwa von ihnen befragen lassen?

Die Vertreter dieser Ansicht fragen nun: »Spricht Hesekiel nicht von *Götzen im Herzen*?« Sicher tut er das! Aber es ist falsch, seine Ausdrucksweise oder das, was er meint, mit dieser neu aufgekommenen Ansicht gleichzusetzen. Hesekiel bzw. Gott sagt nicht »Götzen *des* Herzens«. Nun magst du dich fragen: »Wovon spricht er dann, und wie müssen wir seine Worte auslegen?« Drei Dinge sind es, die wir an dieser Bibelstelle beachten müssen:

1. Hesekiel spricht von materiell vorhandenen Götzen; der abscheuliche damalige Götzendienst wird immer wieder in seinem Buch erwähnt.
2. Seine Worte werden oft falsch ausgelegt.
3. Er begründete damit keine spezielle Seelsorgelehre, wie manche heute meinen.

Wollen wir kurz diese drei Punkte näher betrachten.

Erstens: Hesekiel schreibt durchgehend über die Anbetung von hölzernen und anderen materiellen Götzenbildern seiner Tage, welchen die Israeliten dienten. Das ist etwas ganz anderes als die Verehrung von Götzen, die jemand sich in seinem bösen Herzen (wie behauptet wird) konstruiert hat. Warum können wir dessen so sicher sein? Weil Hesekiel sein ganzes Buch hindurch immer wieder gegen die Verehrung von materiell vorhandenen Götzen kämpft. Das ist an jeder anderen Stelle in seinem Buch der Fall, und ohne guten Grund können wir nicht annehmen, dass es hier anders wäre.

Das Babylonische Exil diente dazu, Israel für diesen Götzendienst zu strafen und es davon zu befreien: »Denn ich werde dich unter die Völker zerstreuen und dich in die Länder versprengen und deine Unreinheit gänzlich aus dir wegschaffen« (Hes 22,15 MEN). Die Juden wurden nach Babel weggeführt, um sie vom Götzendienst zu befreien, durch den sie das Land verunreinigt hatten (s. Hes 20,23f). Doch statt dass sie aus dieser Strafe gelernt hätten und reumütig zum HERRN umgekehrt wären, hingen sie weiterhin ihren Götzen so sehr an, dass sie diese mit ins Exil nahmen – in ihrem Herzen, d.h. im Gedächtnis. Auf diese Weise fuhren sie mit dem Götzendienst fort, gegen den Hesekiel predigte.

Zweitens: Man legt die Worte Hesekiels falsch aus, um zu lehren, dass Menschen in ihrem Herzen Götzen hervorbringen. Das sagt Hesekiel hier nicht. Der Ausdruck »Götzen *des* Herzens« findet sich weder in Hesekiel 14 noch an anderer Stelle der Schrift. Die Worte Hesekiels »Götzen in ihrem Herzen« wurden subtil umformuliert und man hat daraus das mehrdeutige »Götzen des Herzens« gemacht. Der Unterschied ist bedeutend. Die moderne

Sichtweise versteht »Götzen des Herzens« im Sinne der Herkunft der Götzen: Sie kommen aus einem Herzen, das sie hervorbringt. Aber Hesekiel spricht nicht davon, dass das Herz der Ursprung dieser Götzen sei. Im hebräischen Grundtext steht nicht »*des* Herzens« im Sinne von »von dem Herzen stammend«. Stattdessen verwendet Hesekiel in Kapitel 14 zwei andere Präpositionen. Sie lauten »Götzen [in Bezug] auf das Herz« (Verse 4-7) und »Götzen auf dem Herzen« (Verse 3-4). Der Gedanke ist beide Male, dass bereits vorhandene Götzen »ins Herz geschlossen« wurden (so übersetzt z. B. die Schlachter-Bibel), ihr Ursprung aber liegt woanders.

Drittens: Hesekiel sagt nichts davon, dass der Seelsorger nach Götzen im Herzen suchen soll. Hesekiel weiß, dass die Götzen schon dort sind. Gott, der das menschliche Herz erforscht, hat ihm dies offenbart. Der Kontext von Hesekiel 14 lässt die moderne Interpretation (die tatsächlich eine Fehlinterpretation ist) nicht zu. Nichts liegt Hesekiel ferner, als eine Seelsorgelehre zu konstruieren, nach der man bestimmte Götzen im Herzen des Ratsuchenden ausfindig machen und ihn damit konfrontieren sollte. Eine solche Vorstellung mit Hesekiel 14 zu begründen hieße, sie in die Bibelstelle hineinzulesen. Niemand würde Hesekiel 14 mit Seelsorge in Verbindung bringen, es sei denn, er sucht nach Schriftbeweisen für seine vorgefasste Meinung. Eine solche Seelsorgelehre ist schlicht und ergreifend nicht nur bei Hesekiel nicht, sondern auch in der ganzen übrigen Schrift nicht zu finden.

Der in diesem Zusammenhang genannte »Anstoß« oder »Stolperstein« (Hes 14,4) ist der im Herzen gehegte Götze. Statt sich zu bessern, machten die Israeliten die Lage nur noch schlimmer: Sie stellten die Götzen »vor ihr Angesicht«. Sie brauchten die Abgötter gar nicht mehr in Tempeln oder Höhenheiligtümern aufzusuchen, sondern trugen sie in ihrem Herzen mit sich herum. Die Versuchung zur Sünde war jetzt sogar noch größer als zuvor! Die Folge dieses abscheulichen Götzendienstes war, dass Gott sagte: Wenn ein Israelit oder ein in Israel wohnender Fremdling einen Propheten Gottes befragt, zugleich aber durch Götzendienst gegen Gott sündigt, dann wird Gott sein Angesicht gegen ihn richten und ihn aus dem Volk ausrotten (Verse 7-8). Gott ruft das Volk wegen dieser Unverfrorenheit zur Buße und verkündet, dass er höchstselbst ihnen »ans Herz greifen«, d. h. sie töten wird.

In diesem kurzen Exkurs habe ich versucht darzulegen, welch grundlegendes Problem bei der modernen Ansicht der »Götzendienst-Grundursache« besteht. Dass Paulus Habgier oder Geiz in Kolosser 3,5 als Götzendienst bezeichnet, ist hier nicht von Belang. »Und warum nicht?«, fragst du vielleicht. Weil unter all den Dingen, die man als Götzendienst bezeichnen kann, Habgier bedeutet, dass jemand etwas verehrt, das ihm wichtiger ist als Gott.[12] Beachte aber, dass Paulus auch hier nicht von »Götzen des Herzens« spricht, sondern von Götzendienst allgemein. Ich lege dir daher nahe, ebenso wenig vom »Götzen des Herzens« zu sprechen wie von einem »Dämon des Herzens«. Bedenke das und nimm von jedem Gedanken Abstand, dir Gottes alleiniges Vorrecht anzumaßen, das Herz anderer zu kennen. Wenn du Seelsorge ausüben willst, begnüge dich mit dem, was du aus den äußeren Worten und Taten des anderen schließen kannst! Allein sein »Äußeres« (Verhalten und Auftreten) ist das Territorium, das Gott dir gegeben hat. Gott allein kennt das Herz!

[12] Viele menschliche Probleme passen einfach nicht zur Ansicht der »Götzendienst-Grundursache«. Sündige Furcht, Sorge, Wut, Niedergeschlagenheit und eine ganze Heerschar anderer Probleme haben *an sich* wenig oder gar nichts mit Götzendienst zu tun.

Ein hoffnungsloser Fall?

»Ich bin mit einfach nicht sicher …«

Worüber?

»Gibt es Menschen, die ›hoffnungslos‹ sind?

Sagtest du »obdachlos« oder »hoffnungslos«?[13]

»Letzteres.«

Ach so.

Ich meine: Kann jemand Christus so weit verleugnen, dass es keine Hoffnung mehr für ihn gibt?«

Nun, erinnerst du dich an das, was Jesus über die unvergebbare Sünde gesagt hat?

»Ja! Nun, ich denke, so jemand ist ein hoffnungsloser Fall.«

Das kann man keineswegs anders deuten, oder?

»Nein. Ich zumindest nicht. Aber … äh … nebenbei gefragt: Was ist eigentlich die ›unvergebbare Sünde‹?«

Weißt du noch, wie die Religionsführer zur Zeit Jesu sagten, er würde die Dämonen durch Beelzebub austreiben, den Obersten der Dämonen?

»Sicher! Eine ziemlich törichte Behauptung, wie auch Jesus sagt. Satan hätte in diesem Fall nur seinem eigenen Reich geschadet.«

Richtig. Aber dazu gehört noch mehr. Sie behaupteten, dass dieser Dämon ein »unreiner« Geist sei.

»Daran erinnere ich mich auch. Aber was ist das Besondere daran?«

Nun, die unvergebbare Sünde ist die Sünde gegen den Heiligen Geist. Ihn, der doch der Inbegriff und Ursprung aller Heiligkeit ist, »unrein« zu nennen, ist die Lästerung des Heiligen Geistes, welche Gott nicht vergeben wird.

»Aaaah. So habe ich eigentlich noch nie darüber nachgedacht. Ach ja, wo steht diese Begebenheit eigentlich noch mal?«

An zwei Stellen; eine davon ist Markus 3,22-30.

---

[13] Engl. »homeless« or »hopeless«; Anm. d. Übersetzers.

»Ich schätze, wenn jemand so weit damit geht, Jesus abzulehnen, ist er wirklich ein hoffnungsloser Fall. «

In der Tat. Sonst noch Fragen?

»Nur eine. Könnte ich denn diese Sünde begehen?«

Du bist gläubig, oder?

»Ja.«

Wenn dem so ist, lautet die Antwort: »Nein.«

»Wie kommst du darauf?«

Kein wahrer Gläubiger wird je verloren gehen. Wir haben das schon anderweitig besprochen; darum werden wir hier jetzt nicht ins Detail gehen. Aber nur, um das einmal festzuhalten: Johannes 10,28-30 spricht sehr deutlich darüber.

> ... ich gebe ihnen ewiges Leben, und sie werden in Ewigkeit nicht verlorengehen, und niemand wird sie aus meiner Hand reißen ... und niemand kann sie aus der Hand meines Vaters reißen. Ich und der Vater sind eins. (SCH)

Jeder Gläubige ist gleich doppelt in sicheren Händen. Das bedeutet, dass ein wahrer Christ unmöglich verlorengehen kann, weil er die unvergebbare Sünde begeht. Er kann sie nicht begehen.

»Das kann ich verstehen. Danke!«

Wahre Liebe

Hast du schon einmal bemerkt, wie eng Liebe und der Heilige Geist in der Bibel miteinander verknüpft sind?

»Das kann ich nicht behaupten.«

Nun, Liebe wird bei der »Frucht des Geistes« in Galater 5,22 an erster Stelle genannt. Manche meinen sogar, sie wird dort als Grundvoraussetzung für alle anderen Bestandteile der Frucht dargestellt.

»Natürlich! Jetzt, wo du's sagst, fällt es mir ein: Sie wird an erster Stelle als Frucht des Geistes erwähnt.«

Und manchmal wie in Kolosser 1,8 spricht Paulus quasi nebenbei von »eurer durch den Geist gewirkten Liebe« (MEN).

»Was bedeutet das deiner Meinung nach?«

Genau dasselbe, wie die längere Stelle dazu in Römer 5,5, wo Paulus schreibt:

> Denn die Liebe Gottes ist ausgegossen in unser Herz durch den Heiligen Geist, welcher uns gegeben ist. (LUT 1912)

Vor der Wiedergeburt (wofür das Ausgießen ein Bild ist) ist niemand fähig, so zu lieben, wie Gott es tut oder wie es Gott gefällt. Viele andere lieben mit einer Art Ersatzliebe, aber die senkrechte Dimension fehlt dabei völlig.

»Was bedeutet das?«

Es bedeutet, dass Gott dabei außen vor bleibt; dass man bei einer solchen Liebe besonders sich selbst im Blick hat statt das Gegenüber (und, was besonders bemerkenswert ist: dass nicht Gott dieses bedeutende Gegenüber ist, den man beim Denken und Planen im Sinn hat).

»Erzähl mir mehr!«

Okay: Gott von ganzem Herzen, mit ganzem Verstand, ganzer Seele und aller Kraft zu lieben und den Nächsten wie sich selbst ist eigentlich unmöglich, wenn uns nicht der Heilige Geist zu solcher

Liebe befähigt. Deshalb wird zum Beispiel in Römer 15,30 die wahre Liebe »die Liebe des Geistes« genannt.

»Warum das?«

Der Heilige Geist hilft uns, andere zu lieben, indem er uns an Gottes Liebe erinnert, die er in Christus gezeigt hat, damit wir eben solche Liebe an unserem Nächsten ausüben. Wir verstehen, dass wahre Liebe immer wie Gottes Liebe ist: dass wir uns Gott und unserem Nächsten hingeben (Joh 3,16; Gal 2,20 usw.). Wie jemand über Liebe denkt, macht einen gewaltigen Unterschied aus!

»Oh!«

Du siehst: der Geist im Gläubigen hilft ihm, die Liebe Gottes in Christus zu beherzigen. Wir lieben (auf rechte Weise), weil Jesus uns zuerst geliebt hat (1Jo 4,19). Schlag dazu insbesondere Galater 2,20 nach (»... der mich geliebt und sich selbst für mich hingegeben hat ...«). Der Heilige Geist ist also im entscheidenden Sinn der Ursprung dieser Liebe.

»Hmmm.«

Wahre Liebe ist nicht flach wie ein Blatt Papier; sie ist dreidimensional. Sie ist echt. Was sie in einer zwischenmenschlichen Beziehung lebendig macht, ist die Gegenwart des Heiligen Geistes, der sie so gestaltet, dass sie Gott ehrt und den Menschen erfreut und anderen zum Segen ist.

»Ich verstehe. Liebe in der Ehe – oder in jeder anderen Beziehung – ist also zwangsläufig unzulänglich, so lange sie nicht durch den Heiligen Geist im Gläubigen geschaffen und geformt wird.«

Haargenau. Wenn der Heilige Geist ins Herz eines Gläubigen ausgegossen wird, empfängt dieser damit diese neue Fähigkeit zu erkennen, was Gott in allen Lebenslagen mit wahrer Liebe zu tun hat, nämlich sehr viel. Er ist es, der uns zeigt, was wahre Liebe ist: Christus brachte sie zum Ausdruck, indem er für unsere Sünden am Kreuz starb.

»Und es ist der Heilige Geist, der uns daran erinnert und uns hilft zu verstehen, dass Gottes Liebe der Maßstab ist, an dem unsere Liebe zu messen ist?«

Richtig verstanden!

Der Ursprung der Seele: Traduzianismus

Diese Lehre, die viele als esoterisch verspotten, ist alles andere als das. Sie ist von sehr großer moralischer und sozialer Tragweite. Bevor wir uns aber genauer mit ihr befassen, wollen wir zuerst darlegen, was dieser Ausdruck bedeutet und warum man ihn als biblisch annehmen sollte.

Traduzianismus (auch Generatianismus genannt) ist die Lehre, dass bei der Zeugung nicht nur der Leib, sondern auch die Seele auf natürliche Weise weitergegeben wird. Damit soll besagt sein, dass von der Empfängnis an im Kind eine Seele vorhanden ist. Die andere Ansicht nennt sich Kreatianismus.[14] Kreatianisten glauben, dass für jedes Kind eine neue Seele erschaffen wird, aber sie sind dabei geteilter Meinung, ob die Seele dem Kind bereits bei der Empfängnis eingepflanzt wird oder vielleicht zu einem anderen Zeitpunkt vor der Geburt.

Nun gibt es viele Beweise für den Traduzianismus, von denen ich nur diese erwähnen möchte:

1. Als Gott seine Schöpfung vollendete, gab es nichts mehr zu erschaffen. Laut 1. Mose 2,3 beendete er die Schöpfung mit der Erschaffung des Menschen. Sein Werk war vollendet. Die Schrift enthält nirgends einen Hinweis darauf, dass Gott sonst noch etwas geschaffen hätte. In seiner Vorsehung ordnet er nun alles, was innerhalb dieser Schöpfung geschieht, aber er erschafft nichts mehr aus dem Nichts.
2. Sünde (sowohl die Verderbnis als auch die Schuld) wird von einer Generation zur nächsten vererbt. Obwohl der Leib unter den Folgen der Sünde leidet (Klumpfüße und andere Krankheiten), ist nicht der Leib der Vermittler der sündigen Natur als

[14] Nicht mit dem Kreationismus zu verwechseln – der Lehre von der 6-Tage-Schöpfung der Welt durch Gott; Anm. d. Übers.

solcher. Die sündige Natur ist eine Sache des Herzens (oder der Seele). Die Verdorbenheit der Sünde kann von einer Generation zur nächsten nur über die Seele vererbt werden. Hätten aber die Kreatianisten Recht mit ihrer ständigen Neuschaffung von Seelen, dann wäre diese kontinuierliche Kette unterbrochen.

3. Würde Gott weiterhin Seelen erschaffen, dann erschüfe er etwas Sündiges statt etwas Gutes. Das ist natürlich undenkbar. Er selbst nannte seine Schöpfung »sehr gut«.
4. Der Umstand, dass Kinder vor der Geburt sterben können, deutet darauf hin, dass sie als »Sünder« anzusehen sind, denn »der Lohn für die Sünde ist der Tod« (Röm 6,23). In Adam sterben alle. Da Kinder jedes Entwicklungsstadiums im Mutterleib sterben können, sind sie folglich menschliche Wesen, denen von der Zeugung an die Schuld der Sünde Adams zugerechnet wird.

Aus dieser Argumentation kann man nur einen einzigen Schluss ziehen: Der Traduzianismus ist die richtige Position. Es gibt noch einen weiteren Schluss, den ich ziehen möchte: Hätten die Kreatianisten Recht, könnten sie nichts der Vorstellung entgegensetzen, dass ein Fötus weniger als ein vollständiger Mensch sein könnte (nämlich bis er ihrer Vorstellung nach eine Seele bekommt). Kreatianisten haben kein Gegenargument dafür, dass das Lebewesen im Mutterleib so lange als nicht menschlich betrachtet werden könnte, wie die neue Seele noch nicht erschaffen und dem Leib eingepflanzt ist (wann immer das auch sein mag). Der Kreatianismus lässt diese Frage eindeutig offen, wenngleich viele Kreatianisten (ohne einen Beweis dafür liefern zu können) es ablehnen, einen solchen Zeitraum zu postulieren. Wir wissen zwar nicht, auf welche Weise die Seele zusammen mit dem Leib weitergegeben wird, aber dieses fehlende Wissen ist keine Widerlegung des Traduzianismus. Bei vielen Dingen, die mit Sicherheit wahr sind, gibt es Aspekte, die uns vor ungelöste Fragen stellen.

5

Das Heil (Soteriologie)

Was heißt es, errettet zu sein?

In den meisten Kirchen und Gemeinden im Süden der USA, wo ich lebe, reden die Leute freimütig davon, »gerettet« zu sein. Wenn du sie aber fragst, was sie damit meinen, gehen die Antworten auseinander – und manchmal ganz gewaltig. Einige Gruppen sagen, du müsstest bei ihnen getauft und Mitglied ihrer Kirche sein, um gerettet zu werden. Andere behaupten, du müsstest bei einem Entscheidungsaufruf »nach vorne kommen«. Noch andere sagen Dinge wie: »Nimm Jesus in dein Herz auf und er wird dich retten.« Was heißt es, errettet zu sein, und was sagt die Bibel darüber, wie das geht?

Der biblische Gebrauch des Wortes, das mit »gerettet« übersetzt wird, stimmt haargenau mit unserem überein. Eine Zeitungsschlagzeile lautet: »Kind vor dem Ertrinken gerettet.« Gerettet sein heißt, erlöst zu sein – erlöst von der Sünde und ihren Folgen. »Alle haben gesündigt und verfehlen die Herrlichkeit, die sie vor Gott haben sollten« – das sagt Römer 3,23 über alle Menschen, einschließlich deiner Person. Wenn Gott jemanden rettet, rettet er ihn vor der Strafe für die Sünde, vor der ewigen Pein in der Hölle. Dann errettet er ihn fortschreitend von der Macht der Sünde in seinem Leben. Zuletzt erlöst er ihn aus der Gegenwart der Sünde an sich, indem er ihn verwandelt und in den Himmel aufnimmt. Das bedeutet errettet zu sein.

Jedoch ist es von größter Wichtigkeit zu wissen, wie man gerettet wird. Wie ich schon andeutete, herrscht hierüber selbst unter Christen keine Einmütigkeit. Was sagt die Bibel dazu?

In Apostelgeschichte 16,31 gibt Paulus auf die Frage: »Was muss ich tun, um gerettet zu werden?«, folgende Antwort: »Glaube an den Herrn Jesus, und du wirst gerettet werden, du und dein Haus.« Das Heil wird durch den Glauben empfangen. Wenn die Schrift sagt, dass du an Jesus Christus glauben musst, spricht sie von mehr als nur bloßer Zustimmung. Die Bibel sagt eindeutig, dass du dich völlig auf Jesus Christus verlassen musst. Was aber heißt das? Es bedeutet: Du musst ihm dein ganzes Leben von jetzt an und für immer völlig anvertrauen. Es bedeutet: Um gerettet zu werden musst du völlig auf das vertrauen, was er getan hat.

Was aber hat er getan, um zu retten? Jesus Christus starb am Kreuz und trug die verdiente Strafe all derer, die jemals an ihn glauben werden. Er stand von den Toten auf und bewies dadurch, dass Gott sein stellvertretendes Sühneopfer angenommen hat. Der Zorn Gottes kam über ihn statt über die Gläubigen. All denen, die ihm als Retter vertrauen, werden die Sünden vergeben. Dies ist die »Gute Botschaft«, welche die Apostel im Mittelmeerraum verkündigten und dieselbe Botschaft, die du jetzt in diesem Artikel erneut präsentiert bekommst. Wenn du auf das Heilswerk Christi am Kreuz vertraust, wirst du gerettet werden.

Beachte: das Evangelium ist eine gute Botschaft, der man glauben muss, und nicht gute Taten, die man tun muss. Bei einer »Botschaft« haben wir es mit etwas zu tun, was bereits geschehen ist, nicht mit etwas, was noch zu tun ist. Du kannst nicht gerettet werden, indem du auf deine guten Werke vertraust oder auf Zeremonien wie die Taufe oder auf eine Kirchenmitgliedschaft. Nichts, was du je getan hast, könnte jemals ausreichen, um dich zu retten. Du musst von dir selbst und anderen weg blicken und im Glauben allein auf Christus schauen. Du wirst allein durch dieses Vertrauen auf den Herrn Jesus Christus gerettet. Du kannst nicht durch irgendeine vage Einladung gerettet werden, »nach vorne zu kommen« oder »Jesus in dein Herz aufzunehmen«. Du musst die Gute Botschaft verstanden haben, dass Christus am Kreuz für schuldige, verdammte Sünder wie dich gestorben ist, und dich bereitwillig darauf verlassen, dass sein Werk – sein Tod und seine Auferstehung – dich von deinen Sünden erlöst.

Und um Christus als Retter vertrauen zu können, musst du eingestehen, dass du ein Sünder bist. Wenn die Bibel sagt, dass du »gesündigt hast und die Herrlichkeit verfehlst, die du vor Gott haben solltest«, dann heißt das: Du kannst kein ewiges Leben haben – es sei denn, Gott vergibt dir. Er wird Sündern, denen nicht vergeben wurde, nicht gestatten, in seinem vollkommenen Himmel zu leben. Du musst deine Meinung über dich selbst ändern (ohne Christus bist du für Gott unannehmbar), über Gott (er ist nicht der Weihnachtsmann, der alle in den Himmel lässt) und über Christus (er ist nicht bloß ein guter Mensch; er ist Gott, der Mensch wurde, um Sünder zu retten).

Wenn Gott an dir gewirkt und dich überführt hat, dass du ein Sünder bist, wenn du Buße getan hast (d. h. deinen Sinn wie oben beschrieben geändert hast), dann hat Jesus Christus dich gerettet und ist dabei, aus dir einen neuen Menschen zu machen und die Richtung deines Lebens zu ändern. Und was dich danach erwartet, wirst du noch aufregender finden!

Ein persönlicher Retter

Du hast schon Leute sagen hören: »Nimm Christus als deinen persönlichen Retter an!« Ich bin immer froh, wenn der Aufruf zur Bekehrung so lautet statt: »Lass Jesus in dein Herz kommen«, oder: »Vertrau einfach auf Jesus« oder etwas anderes in dieser Richtung.

Jesus ist ein persönlicher Retter; das dürfen wir niemals vergessen – und zwar weil nichts anderes das Evangelium so gut auf den Punkt bringt! Als Luther in Psalm 23 die Worte las: »Der Herr ist *mein* Hirte«, rief er aus: »Gott sei Dank für Personalpronomen!« Das tat er gerade deshalb, weil er an einen persönlichen Retter glaubte.

Christus starb gewiss nicht für eine namenlose, unbekannte Masse von Menschen. Gott sandte ihn, um sein Leben für bestimmte, individuelle Menschen zu geben, die er von Ewigkeit her kannte und über die er, als die Zeit gekommen war, seine Liebe ausgoss. Paulus schreibt: »... wie er [der Vater] uns in ihm [Jesus Christus] auserwählt hat vor Grundlegung der Welt ... in welchem wir auch ein Erbteil erlangt haben ... nach dem Ratschluss seines Willens« (Eph 1,4.11 SCH).

Jesus starb für diese Individuen, denen der Vater seine Liebe zugewandt hatte. Deshalb sangen die Engel bei Jesu Geburt: »Friede auf Erden unter den Menschen des (göttlichen) Wohlgefallens!« (Lk 2,14 MEN). Damit sind ganz bestimmte, besondere Menschen gemeint. Es heißt nicht: »für alle«, ja nicht einmal: »für das ganze jüdische Volk«, das in Vers 10 erwähnt wird.[15] Die Botschaft wurde allen verkündigt; Friede aber würden nur die erlangen, die der Botschaft glaubten.

Bedenke auch, was Jesus sagt: »Ich ... kenne die Meinen, und die Meinen kennen mich« (Joh 10,14 MEN). Mit diesen beruhigenden Worten bekräftigt er, dass er mit denen vertraut ist, für die

[15] Manche Bibelübersetzungen scheinen in Vers 14 das Gegenteil zu sagen (»Friede auf Erden und den Menschen ein Wohlgefallen«), aber die genauere und wortgetreue Übersetzung ist: »den Menschen des Wohlgefallens«.

er »sein Leben lässt« (Joh 10,11). Als guter Hirte besitzt er eine Herde von solchen »Schafen«, die nicht nur seine Stimme erkennen, wenn er sie ruft; sondern noch viel mehr: Wenn er sie ruft, dann ruft er sie beim Namen (Joh 10,3).[16]

Der Grund dafür, dass die übrigen Menschen nicht im Glauben zu ihm kommen, liegt daran, dass sie – wie Jesus sagt – »nicht von Gott« sind (Joh 8,47 LUT). Dementsprechend erklärt er, dass sie »nicht von meinen Schafen« sind (Joh 10,26). Als er für die Apostel betete und für die, die durch ihr Zeugnis glauben würden (Joh 17,9-20), sagte Jesus ausdrücklich, dass er nicht für die Welt betete (Joh 17,9). Er betete für bestimmte Menschen, die Schafe seiner Herde waren. In Johannes 6,44 spricht Jesus von denen, die zu ihm kommen, weil der Vater sie »zieht«. Damit macht er klar, dass niemand sonst kommen kann, weil der Vater nur diejenigen zieht, die zu dieser Herde gehören.

Das nenne ich einen persönlichen Retter!

---

[16] Jesus hat eine Herde, die im ewigen Plan Gottes existierte; sie waren darum schon seine Herde, noch ehe sie zum Glauben kamen. Durch seinen Dienst und den seiner Gemeinde sammelt er sie zu einer einzigen Herde.

Das Kreuz

Der Tod Christi war sowohl die größte Übel- und Schandtat der Welt als auch zugleich der Gipfel der Gnade und Herrlichkeit in der Weltgeschichte. Man kann das Kreuz so oder so sehen. Und wie du es siehst, hängt davon ab, ob du die Heilslehre im vollen Umfang erfasst hast oder nicht.

Zu den kontroversen Punkten des Todes Jesu gehört sein Sühnecharakter: dass Jesu stellvertretend bestraft wurde und litt. Und darüber kann man sich trefflich streiten. Wenn du diese Dinge noch nicht verstanden hast, dann hast du noch nicht richtig erfasst, was auf Golgata geschah.

Der Tod Jesu Christi war eine **Strafe.** Das heißt: er litt für die Sünden derer, die an ihn glauben. Das Kreuz war eine grausame Hinrichtungsmethode, die erfunden worden war, um den Todeskampf auf qualvolle Weise zu verlängern. Wenn du den qualvollen Aspekt des Todes Christi ausblendest, ist das ein gewaltiger Fehler. Die Menschen verdienen es, für ihre Sünden so bestraft zu werden wie Jesus. Sünde ist Rebellion gegen einen heiligen Gott, und keine Geringere Strafe kann seiner Gerechtigkeit Genüge tun.

Der Tod Jesu Christi geschah auch **stellvertretend.** So wie Sünder bestraft werden müssen, genau so wurde er an ihrer Stelle bestraft. In 1. Korinther 15,3 wird das griechische Wort *hyper* (»für«) benutzt, um dies zu beschreiben: »Christus ist für unsere Sünden gestorben«. Dieses Wort *hyper* bedeutet »um jemandes willen« oder »anstelle von«. Das zeigt eindeutig, dass der Tod Jesu stellvertretend war. Der Schuldlose stirbt anstelle der Schuldigen.

Allzu oft hört man heute lediglich und ausschließlich, dass Jesus bloß der Retter ist. Natürlich ist er das, aber es ist entscheidend, dass man diesen Begriff mit all den Inhalten füllt, die ihm seine Bedeutung geben. Die Begriffe *Strafe* und *Stellvertretung* beschreiben zwei der entscheidenden Merkmale des Todes Jesu am Kreuz. Wenn wir das Evangelium erklären, müssen wir uns vergewissern, dass beide Begriffe unmissverständlich erklärt werden.

Rechtfertigung

Erst als Martin Luther die biblische Lehre der Rechtfertigung allein durch den Glauben zum Hauptthema seiner Predigt machte, hatte die Reformation wirklich begonnen! – Was bedeutet dieser überaus wichtige theologische Begriff, und was hat er mit uns zu tun?

Der Begriff bedeutet: Gott sieht uns als vollkommen gerecht an und erklärt uns dazu.

Da der Himmel ein vollkommen heiliger Ort ist, der frei von Sünde und ihren Nöten ist, sind alle außer den vollkommen Gerechten von ihm ausgeschlossen. Gott wird nicht zulassen, dass das himmlische Paradies durch unsere Sünde entweiht wird. Alle sind ausgeschlossen, »denn alle haben gesündigt und erlangen nicht die Herrlichkeit Gottes« (Röm 3,23). Der einzige, der jemals ein vollkommen gerechtes Leben geführt hat (d. h. in vollkommenem Gehorsam gegenüber Gott), ist Jesus Christus.

Am Kreuz starb Jesus Christus nicht nur anstelle schuldiger Sünder, um sie von ihren Sünden zu reinigen, sondern Gott rechnet auch die Gerechtigkeit Christi jedem zu, der an das Evangelium glaubt. Damit werden nicht nur die Sünden der Gläubigen ausgelöscht, sondern ihnen wird auch Christi gerechtes Leben angerechnet. In der himmlischen »Buchführung« stehen sie ebenso vollkommen da wie der Herr Jesus selbst. Was für ein wunderbarer Tausch!

Was ist rettender Glaube?

Der Glaube ist es, der uns von der Sünde und ihren Folgen errettet: von Not und Elend auf Erden sowie vor der ewigen Strafe in der Hölle. Natürlich ist es genau genommen nicht der Glaube selbst, der rettet; der Glaube ist vielmehr das Mittel, wodurch das rettende Erlösungswerk Jesu Christi am Kreuz demjenigen vermittelt wird, der gerettet wird. Wir werden aus Gnade durch den Glauben gerettet.

Der Glaube bezieht sich nicht auf etwas Vages oder Abstraktes. Glaube bedeutet, sich voll und ganz auf das Evangelium zu verlassen. Das heißt also: Ich glaube an die Wahrheit, dass Jesus Christus an meiner Stelle und für meine Sünden starb; ich setze in Bezug auf mein ewiges Heil alles auf eine Karte – auf das Evangelium. Könnte Jesus scheitern (was er nicht kann), würde ich mit ihm untergehen!

Rettender Glaube ist also ein Glaube an die Gute Botschaft, welche Sünder hören müssen. Das Evangelium ist die Gute Botschaft, an die man glauben muss; es geht nicht darum, dass wir gute Werke vollbringen müssten. Jesus hat schon alles getan, was zu tun ist, um die Seinen zu retten. Dem braucht und kann nichts mehr hinzugefügt werden. Wer ist würdig, gerettet zu werden? Nur wer anerkennt, dass er – von sich aus – unwürdig ist, gerettet zu werden. Christus allein kann ihn würdig machen. Der Anteil des Sünders ist zuzugeben, dass er als Sünder unfähig ist, sich selbst von Sünde und Hölle zu retten, und auf das zu vertrauen, was Jesus schon vollbracht hat.

Rechtfertigung allein durch den Glauben

Der große Wahlspruch und Schlachtruf der Reformation, »Rechtfertigung allein durch Glauben«, war auch die Botschaft des Apostels Paulus. Was aber bedeutet das? Und warum ist das so wichtig? Wenn du es wirklich wissen willst: Deine Antwort auf diese beiden Fragen macht den Unterschied zwischen ewigem Leben und Tod aus.

Der Mensch hat von Geburt an zwei grundlegende Probleme: Schuld und Verdorbenheit.

Als Adam sündigte, fiel die gesamte Menschheit mit ihm. Sein Akt des Ungehorsams geschah stellvertretend für alle Menschen. Seine Sünde wurde dir als deine Sünde angerechnet: »alle haben gesündigt und erlangen nicht die Herrlichkeit Gottes« (Röm 3,23).

Die Folge der Sünde ist der Tod: Trennung von Gott schon jetzt und auf ewig. Und diese Trennung macht den Unterschied zwischen ewiger Freude und ewiger Strafe. Dass Adam die ganze Menschheit repräsentierte, geht eindeutig daraus hervor, dass auch schon kleine Kinder vom jüngsten Alter an sterben. Weil der Tod der Lohn für die Sünde ist (Röm 6,23), sind sie durch Adams stellvertretende Sünde verurteilt; sonst würden sie nicht sterben. All unsere vermeintlich guten Werke können uns nicht vor dem kommenden Zorn retten. Wir werden vor dem himmlischen Gericht als Verbrecher verurteilt; und als Verbrecher werden wir eines Tages Gott als Richter begegnen, um sein Urteil zu empfangen. Es gibt nur eine einzige Hoffnung: Rechtfertigung.

Gerechtfertigt werden heißt, für gerecht erklärt oder gerecht gesprochen werden. Es ist mehr als eine Transaktion, die nur die Sündenschuld Adams ausgleicht, sondern ebenso auch deine. Du bist nicht nur sündig, weil Adam dein Stellvertreter ist, sondern auch weil du an der Sünde Anteil hast. Du bist deinen eigenen Weg gegangen, du bist auf den Wegen des Bösen gewandelt. Du hast sogar versucht zu vermeiden, dich mit den Tatsachen des Lebens und des Todes auseinanderzusetzen. Und wenn du nicht zu irgendeinem Zeitpunkt durch Glauben gerechtfertigt wurdest, wirst du verdammt werden. Rechtfertigung ist das einzige Mittel, um dieses allerwichtigste Problem zu lösen.

Rechtfertigung geschieht durch Glauben – es gibt keine Zeremonie oder andere Werke, die du anstelle des Glaubens tun könntest oder die man ihm hinzufügen könnte. Und zwar, weil Gott selbst das Problem der Schuld zur Genüge und endgültig auf seine Weise gelöst hat und dich auffordert, ihm zu vertrauen, dass er das getan hat. Jesu vollbrachtem Werk von Golgata etwas hinzuzufügen, heißt nicht nur, sich gewaltig zu irren, sondern ebenso auch Gott zu beleidigen.

Wenn dem so ist – und du kannst sicher sein, dass dein ewiges Schicksal genau davon abhängt –, dann solltest du besser umkehren und dich auf das verlassen, was er getan hat, und es als angemessen, endgültig und genügend annehmen. Lass dich von niemandem verführen! Vor Gott gerechtfertigt werden – also Vergebung aller deiner Sünden der Vergangenheit, Gegenwart und Zukunft zu empfangen –, geschieht allein durch den Glauben.

Worauf muss sich dieser Glaube richten? Ein Glaube, der immer in der Schwebe ist, ist nichts als Selbstbetrug. Glaube muss sich auf etwas oder jemanden richten. In diesem Fall gehört dazu beides: der »jemand« ist Jesus Christus (du musst auf ihn vertrauen), und das »etwas« ist das, was er für alle vollbracht hat, die an ihn glauben (du musst ausdrücklich darauf vertrauen, dass er am Kreuz die Erlösung vollkommen vollbracht hat).

»Das ist klar«, wirst du sagen; »aber was genau hat Jesus getan, um die Glaubenden zu rechtfertigen?«

Er starb anstelle schuldiger Sünder wie du; er wurde für deine wie auch für Adams Sünden durch Kreuzigung hingerichtet (eine schändliche Strafe, die nur dem schlimmsten Abschaum der schuldbeladenen Menschheit vorbehalten war) und stand wieder von den Toten auf, wodurch Gott bestätigte und besiegelte, dass sein Tod ein Sühneopfer war. Dies ist eine gute Botschaft für schuldige Sünder auf dem Weg zur Hölle, die ihren Glauben auf ihn und sein Werk setzen.

Die einzige Frage, die jetzt noch offen ist, lautet: Hast du auf solche Weise deinen Glauben festgemacht? Warum aber solltest du es nicht tun? Das ist die wichtigste aller Fragen!

Das ist unlogisch!

»Wovon sprichst du?«

Davon, dass manche behaupten, Gott sei, was wir (als es noch keine so genannte politische Korrektheit gab) einen »Indian giver«[17] zu nennen pflegten.

»Was bedeutet das?«

Es bedeutet, dass du etwas zurücknimmst, was du vorher jemandem geschenkt hast. Der Ausdruck wurde geprägt, weil man annahm, man könne sich auf das Wort von Indianern verlassen, wenn sie einem etwas schenkten, doch dann forderten sie es zurück.

»Kam das oft vor?«

Keine Ahnung. Ich weiß nur, was dieser Ausdruck bedeutet.

»Wie können manche so etwas über Gott behaupten?«

Nun, sie denken: nachdem er uns geistliches (ewiges) Leben gegeben hat, könnte Gott es uns wieder wegnehmen.

»Das ist doch wohl nicht ernst gemeint?«

Doch. Aber es gibt einen ganz sicheren logischen Schluss (einen so genannten Syllogismus), der diese Vorstellung widerlegt. Er lautet in etwa so:

- Da Gottes Gnadengaben und Berufung unwiderruflich sind (Röm 11,29)
- und »die Gnadengabe Gottes das ewige Leben ist« (Röm 6,23) und Gottes Berufung ist, »Heilige zu sein« (Röm 1,7),
- deshalb können wir sicher sein, dass wir unsere Stellung als Heilige und das ewige Leben nie verlieren werden.

»Das ist zwar kein logischer Schluss im strengsten Sinne, aber ich verstehe, wie es gemeint ist.«

---

[17] D.h. »ein Indianer, der etwas schenkt«; im Deutschen gibt es hierfür keine genaue Entsprechung; Anm. d. Übers.

Gut. Aber es ist eine sehr wichtige biblische Lehre. Lass mich dir eine Frage stellen: Wenn Gottes Gabe das ewige Leben ist, was würde es dann bedeuten, wenn er es zurücknimmt?

»Äh … hmmm … ich hab's!«

Und? Wie lautet die Antwort?

»Es würde bedeuten, dass Gott jemanden, dem er ewiges Leben gegeben hat, geistlich töten würde.«

Richtig. Klingt seltsam, wenn man es so versteht, wie es gemeint ist, oder?

»Es ist außerdem unbiblisch. Besonders, wenn das Leben, das wir haben, bereits ewig ist.«

Dann hat jemand hier etwas völlig falsch verstanden, nicht wahr?

»In der Tat. Es ist unlogisch.«

Und wie ich schon sagte: unbiblisch.

Nur kurz zum Thema Erwählung

Das Wort »erwählen« ist definitiv ein biblischer Ausdruck. Es kommt oft in der Bibel vor und bedeutet das, was wir oft »Auswahl« oder »aussuchen« nennen. Dass Gott Israel aus allen Nationen der Welt dazu erwählte, sein Bundesvolk zu sein, geben alle unumwunden zu; jeder weiß und versteht, was der Ausdruck »das auserwählte Volk« bedeutet. Nicht so freimütig hingegen erkennt man an, dass Gott sich Einzelne aus den Nachkommen Abrahams erwählte wie Jakob und nicht Esau. Manche haben mit der Erwählung an genau diesem Punkt Probleme. Doch ihre Einwände sind ziemlich seltsam. Wenn Gott Israel erwählt hat, dann erwählte er auch die Einzelnen aus diesem Volk. Israel bestand aus Menschen; es war nicht irgendeine Körperschaft an sich, zu der keine Einzelne gehört hätten. Und wenn du zweimal darüber nachdenkst, statt dich darüber aufzuregen, wirst du zum Schluss kommen, dass Gott beschloss, die Heiden nicht zu erwählen. Auch die Nationen (Heiden) bestehen aus Menschen! Also: Gott erwählt durchaus Einzelne – und er beschloss, Einzelne nicht zu erwählen.

Aus einer Gruppe einige zu erwählen, beinhaltet immer, die anderen nicht zu erwählen. Alle Menschen sind Sünder, die den Zorn Gottes verdient haben. Das Erstaunliche ist: Gott hat nicht bestimmt, dass einige nicht gerettet werden, sondern dass einige nicht bestraft werden. Niemand verdient etwas anderes als den Zorn Gottes. Doch beim Thema Erwählung macht es keinen Unterschied, ob man sagt: »Menschen, die nicht erwählt sind, gehen aufgrund ihrer persönlichen Sünde verloren«, oder: »Menschen gehen verloren, weil Gott in seinem Ratschluss vorgesehen hatte, zur Zeit des Alten Testaments den Heiden den Heilsweg nicht zu offenbaren – auch nicht in Vorbildern und Schatten.« Beides ist wahr und führt zu demselben Ergebnis. Gott erwählt einige Sünder zum ewigen Leben und hat beschlossen, andere nicht zu erwählen. Nein, mein Freund: Du kommst um die individuelle Erwählung einzelner Menschen nicht umhin. Sie ist eine unausweichliche biblische Tatsache. Sogar innerhalb von Israel gab es solche, die erwählt waren, und solche, die den Bund Gottes ablehnten und damit zeigten, dass sie nicht erwählt waren.

»Okay, aber dass die Erwählung bedingungslos ist, ist etwas anderes. Wenn die Wahl nicht auf irgendetwas Gutem beruhte, das Gott beim jeweiligen erwählten Menschen vorausgesehen hat, dann muss diese Wahl einzig und allein vom Willen Gottes abhängen.«

Richtig; genau so ist es! Unsere Untersuchung des Themas ergibt unterm Strich: Gott bestimmte, was geschehen soll. Aber jetzt wirst du mir sagen: »Das ist nicht fair; wenn Gott erwählt, ist das endgültig – niemand kann seiner Entscheidung widerstehen.«

»Exakt! Das scheint wirklich nicht fair zu sein.«

Ganz genau. Und genau diesen Einwand, sagt Paulus, wirst du erheben, wenn die Erwählungslehre dargelegt wird. Er schreibt in Vorwegnahme deines Einwandes:

> Du wirst nun zu mir sagen: Warum tadelt er noch? Denn wer hat seinem Willen widerstanden? (Röm 9,19)

Paulus sagt: Ein Gegner der Lehre der bedingungslosen Erwählung wird darauf exakt so reagieren wie du gerade. Dass du das tust, beweist, dass Paulus und ich genau dasselbe lehren. Der Einwand kä me nicht, wenn etwas anderes wahr wäre – sagen wir z. B. Erwählung aufgrund von bloßem Vorherwissen Gottes. Diesen Einwand hatte Paulus schon oft gehört, wenn er lehrte, dass die Erwählung nicht auf irgendetwas Gutem beruht, das Gott im Erwählten vorausgesehen hätte. Und so konnte Paulus im Römerbrief darauf eingehen, als spräche er mit einem solchen Diskussionspartner.

»Das klingt ziemlich überzeugend; aber mir scheint immer noch falsch, dass …«

Paulus hat noch eine andere Antwort parat, die jeden Widerspruch verstummen lässt. Wem es schwerfällt, Gottes souveräne Erwählung zu akzeptieren, dem sagt er: »Ja freilich, Mensch, wer bist du, der du das Wort nimmst gegen Gott?« (Röm 9,20).

Dann fährt er mit dem Bild des Töpfers fort, der das Recht hat, aus einem Tonklumpen zwei völlig unterschiedliche Dinge zu machen: sowohl eine schöne Vase als auch einen gewöhnlichen Abfalltopf. Dann fährt Paulus mit noch stärkeren Worten fort und wiederholt, dass Gott einige zum Zorn und andere zur Herrlichkeit vorherbestimmt hat (Vers 22).

» Noch ein letzter Einwand: Warum sollte Gott so etwas tun?«

Glaub es oder nicht, die Antwort darauf folgt in den nächsten Versen von Römer 9:

> Wie aber, wenn Gott seinen Zorn zeigen und seine Macht kundtun wollte und deshalb die Gefäße des Zorns, die zum Verderben bereitgestellt sind, mit viel Geduld ertragen hätte, um den Reichtum seiner Herrlichkeit sichtbar zu machen an den Gefäßen seines Erbarmens, die er zuvor für die Herrlichkeit bestimmt hat ...? (Röm 9,23 ZÜR)

Verstehst du, worauf Paulus hinaus will? Hätte es keine Sünde gegeben, dann hätte Gott nicht mit Recht seinen Zorn erweisen können; hätte es keine Sünde gegeben, dann wäre es unmöglich, dass er seine Gnade erweist. Somit verordnete Gott auf eine Weise, welche die freien Entscheidungen der Erwählten (oder Nicht-Erwählten) beinhaltete, nicht nur das Ergebnis, sondern auch die Mittel, um es zu erreichen. Er plante, dass einige erwählt sein sollten und andere nicht; beides geschah aufgrund ihrer freien und ungezwungenen Wahl zu glauben oder nicht. Die Freiheit, nach eigenen Wünschen zu wählen, war ebenfalls ein vorherbestimmter Teil des Plans. Verstehst du?

»Ich arbeite daran. Aber es ist schwer in den Kopf zu bekommen.«

Versuche, mein Buch *The Grand Demonstration*[18] zu lesen, das sich mit diesem Thema noch detaillierter befasst.

---

[18] Etwa: »Die große Vorführung«, bisher nicht in deutscher Übersetzung erschienen. Zum Thema Erwählung empfehlen wir auf Deutsch: *Erwählt vor Grundlegung der Welt* von C. H. Spurgeon, *Auserwählt und eins gemacht* von Tim Kelly, *Die Lehren der Gnade* von J. M. Boice und P. G. Ryken und *Sklave Christi* von John MacArthur.

Der Verrat des Judas aus zwei Perspektiven

Nehmen wir ein Beispiel für die Erwählung und schauen wir, welche ganz praktischen Folgen diese hat.

Die Ankündigung des Verrats Jesu durch Judas war die erstaunlichste Sache des Abends, als Jesus mit den Jüngern beim letzten Abendmahl zusammen war. Jesus sagte ihnen, dass einer von ihnen ihn verraten würde. Ihre Reaktion war die eines jeden Sünders, der sich seiner Schwäche und Neigung zur Untreue bewusst ist: »Da wurden sie traurig und fragten ihn einer nach dem andern: ›Ich bin es doch nicht?‹« (Mk 14,19).

Jesu Antwort enthielt nicht die leiseste Andeutung, wer der Verräter sein würde:

> Einer von euch Zwölfen, der mit mir in die Schüssel eintaucht. Denn der Menschensohn geht zwar dahin, wie über ihn in der Schrift steht; doch wehe dem Menschen, durch den der Menschensohn verraten wird! Für diesen Menschen wäre es besser, er wäre nicht geboren! (Mk 14,21 MEN)

Jesus bestätigte, dass der Verrat (und sein anschließender Opfertod) weder ein Fehler noch ein Betriebsunfall war: Der »Menschensohn geht … dahin, wie über ihn in der Schrift steht«. In der Tat sollte alles so geschehen, wie es von aller Ewigkeit her geplant war und genau so, wie es die Schrift es schon seit vielen Jahrhunderten vorausgesagte – selbst bis in das Detail hinein, dass der Verräter mit ihm essen würde (Ps 41,10; Mk 14,9). Alles stand vollkommen sicher fest und würde so geschehen, wie Gott es in seiner unendlichen Weisheit geplant hatte.

Andererseits ist Judas, wie Jesus sagt, für seine schändliche Tat im vollen Maß verantwortlich und wird dementsprechend bestraft werden. Wie kann das sein? Wie kann Jesus ein »Wehe« darüber aussprechen, was doch ebenso unausweichlich war wie die schiere Existenz des Judas? Die Antwort ist einfach, aber tiefgründig: Gott plante nicht nur den Ausgang, sondern auch die Mittel, wodurch dieser Ausgang zustande kommen sollte.

»Wie aber«, magst du fragen, »löst dies das Problem?« Dem entgegne ich: Bitte denke gründlich nach! Sowohl das Motiv als auch die Tat waren gleichermaßen Teil von Gott geplant. Und beide wurden auf eine solche Weise geplant, dass Judas völlig verantwortlich dafür sein würde, sich frei zu entschließen, seinen Herrn zu verraten. Er wurde weder gedrängt noch gezwungen, dies zu tun. Seine Entscheidungen und Taten waren von Anfang bis Ende vollkommen seine eigenen – er tat, was er tun wollte. Die Übeltat, für die er angemessen bestraft wurde, wurde nach seinem eigenen Willen ausgeheckt und durchgeführt.

Prädestination ist kein Fatalismus (Schicksalsglaube). Der Fatalist sagt: »Du wirst am 30. Januar sterben, egal was du tust.« Wer die Prädestination vertritt, sagt hingegen: »Du wirst am 30. Januar sterben, weil du beim Überqueren der Straße die Fußgängerampel missachten wirst.« Der Unterschied ist: Judas verriet Jesus, *weil* er ein Dieb und geldgierig war. Gottes Pläne gehen nicht trotz, sondern wegen unserer Wünsche und Taten in Erfüllung, und wir sind dafür in vollem Umfang verantwortlich.

Die Lehre vom Begrenzten Sühneopfer

Weil die Erwählungslehre für viele so schwer zu verstehen ist, wollen wir aus einem anderen Blickwinkel einen letzten Blick darauf werfen, um sie zu erklären. Zuerst einmal ist es wichtig zu verstehen, dass nicht nur die Vertreter einer bestimmten Lehre, sondern alle Christen das Sühneopfer als *begrenzt* verstehen. Allerdings auf unterschiedliche Weise.

»Nein, da irrst du dich. Ich tu das nicht. Christus starb für alle Menschen ohne Ausnahme. Es gab nie irgendeine Begrenzung seines Opfers.«

Ach? Na, dann wollen wir mal sehen. Glaubst du, dass Gott möchte, dass alle gerettet werden?

»Sicher!«

Glaubst du, dass er die Macht hat, alle Menschen zu retten?

»Natürlich!«

Warum werden dann nicht alle gerettet?

»Weil einige nicht glauben werden.«

Dann ist Gott also gescheitert. Oder hat er seinen Wunsch und seine Macht zu retten beschränkt und von der menschlichen Bereitschaft zu glauben abhängig gemacht?

»Nun ...«

Gehen wir einen Schritt weiter. Deiner Meinung nach hat das Sühneopfer Christi Gott und den Menschen nicht tatsächlich wieder versöhnt, oder?

»Was meinst du damit?«

Deiner Auffassung nach ist der Tod Christi nicht die tatsächliche Sühne für alle Menschen. Sühne bedeutet nämlich, dass Gott und Mensch wieder miteinander versöhnt werden, nachdem sie durch die Sünde voneinander entfremdet waren.

»Nein, die Sühnung ist nicht bei allen geschehen; aber der Tod Christi hat sie für alle möglich gemacht.«

Damit gibst du also doch zu, dass das Sühneopfer Jesu begrenzt ist: Nur die, die glauben, werden gerettet. Wenn sein Erlösungswerk Sühnung tatsächlich bewirkt und nicht bloß möglich gemacht hätte, dann würden nach deiner Meinung alle gerettet. Wenn Jesus die Strafe für die Sünden aller Menschen aller Zeiten getragen hätte, würden alle in den Himmel kommen, weil ihre Sündenschuld bezahlt ist. Gott würde nicht Jesus und den Ungläubigen zugleich bestrafen, wenn dessen Sündenschuld bereits bezahlt ist. Das wäre eine zweimalige Bestrafung für dasselbe Vergehen.

»Ja. Aber Jesus hat die Errettung für alle möglich gemacht.«

Wenn also letztendlich nicht alle Menschen gerettet werden, gilt:

1. Was Jesus am Kreuz tat, wird durch den Menschen begrenzt. Nur wer glaubt, dem werden die Sünden vergeben.
2. Was Jesus am Kreuz tat, wird in seiner Wirksamkeit begrenzt, weil einige sich weigern zu glauben.
3. Was Jesus am Kreuz tat, ist im Fall der meisten Menschen unwirksam und damit begrenzt. Und Gott wusste von aller Ewigkeit her, dass der Mensch den Wunsch und Willen Gottes vereiteln würde.
4. Was Jesus am Kreuz tat, ist begrenzt (oder unvollständig), weil es erfordert, dass der Mensch es wirksam macht.

Wenn der Arminianer (der die Errettung als letztlich vom Willen des Menschen abhängig lehren) Recht hat, rettet Jesu Tod niemanden. Sein Tod wirkt für niemanden Sühne. Bei dieser Lehre ist das Werk vom Kreuz völlig begrenzt! Die Wirksamkeit des Todes Jesu wird begrenzt, weil man sie vom menschlichen Glauben abhängig macht.

Calvinisten (die die Errettung als letztlich vom Willen Gottes abhängig lehren) hingegen glauben, dass der Tod Christi wirksam ist und tatsächlich die Versöhnung zwischen Gott und denjenigen Menschen bewirkt hat, für die Jesus gestorben ist. All jene, deren Errettung Gott bestimmt hat, werden auch gerettet. Jesu Tod hat für sie das Heil nicht nur möglich gemacht, sondern bewirkt. Calvinisten glauben, dass das Sühneopfer nur in der Anzahl der Erlösten begrenzt ist, nicht aber in seiner Kraft oder Wirksamkeit.

Wer ist ein Jude?

Lieber Christ, weißt du, dass Gott dich »Jude« nennt?

Vielleicht hast du darüber nie groß nachgedacht, aber was bedeutet es, ein Jude zu sein? Laut Römer 2,29 ist Jude-Sein etwas Innerliches; es hat nichts mit der Abstammung oder äußeren Kennzeichen zu tun. Alle, die sich Christus anvertraut haben, sind in Gottes Augen die wahren Juden. Schauen wir uns die Stelle kurz an:

> Denn nicht der ist ein Jude, der es äußerlich ist, noch ist die äußerliche Beschneidung im Fleisch Beschneidung; sondern der ist ein Jude, der es innerlich ist, und Beschneidung ist die des Herzens, im Geist, nicht im Buchstaben. (Röm 9,22-23)

Dieser Vers lehrt – vielleicht so deutlich wie kein anderer, dass Gott auf den inneren Menschen sieht, wenn er Menschen beurteilt, und nicht auf den äußeren (was uns aber nicht nur unmöglich, sondern auch nicht erlaubt ist).

Es ist wichtig zu verstehen, dass das Wort »Jude« in der Bibel erst nach dem Babylonischen Exil auftaucht. Das Wort ist nie ein ethnischer Begriff für ein Volk, sondern ein religiöser Begriff für einen Glauben. Das Wort »Jude« leitet sich von »Juda« ab, dem letzten verbliebenen Stamm Israels nach der Zerstreuung der zehn Nordstämme. Der entsprechende ethnische Begriff ist nicht »Jude«, sondern »Hebräer«. Ein Jude ist also jemand, der es innerlich ist. Paulus, selbst ein Hebräer, schreibt: »Denn nicht der ist ein Jude, der es äußerlich ist, ... sondern der ist ein Jude, der es innerlich ist«, d.h. durch den Glauben (Röm 2,28f). Wenn du dich also Christus als deinem Retter anvertraut hast, bist du in Gottes Augen ein Jude und durch den Glauben Erbe aller Verheißungen, die den Nachkommen Abrahams gegeben wurden (vgl. Gal 3,29; Eph 3,6). Durch den Glauben gehörst du zum »Samen Abrahams«, der durch Glauben gerechtfertigt wurde und mit dem der Bund der Gnade geschlossen wurde, dessen Teilhaber auch du bist. Verachte niemals einen Juden als jemanden, der zur alttestamentlichen Epoche gehört. Du, als gläubiger Christ heute, bist ein Jude!

Heilsgewissheit

Johannes Calvin betonte wie alle anderen Reformatoren – und sogar noch mehr – die Heilsgewissheit. Er verabscheute es, wie die römisch-katholische Kirche die Menschen in Ungewissheit darüber gefangen hielt, ob sie gerettet sind oder nicht. In seiner Verteidigung des evangelischen Glaubens[19] schrieb er:

> Somit bleibt nichts als ständige Beunruhigung, dauernde Qualen und zermürbende Zweifel, welche die Seele nicht weniger wirksam zu Grunde richten als direkter Mord.[20]

Außerdem sagte er über die römisch-katholische Beichte:

> Die Apostel übten ihr Amt des Bindens und Lösens nicht aus, indem sie die Beichte abnahmen, sondern indem sie das Evangelium predigten ... Der Grund aber, warum sie [die Katholiken] so vehement zur Beichte drängen, ist der, dass sie die Welt unterjochen und in Abhängigkeit von sich halten wollen ... Jedoch ist es weder angebracht noch rechtmäßig, die Beichte in den schönsten Farben zu schildern und sie als etwas Heilsnotwendiges darzustellen. Das Gewissen kann nicht durch die Ketten solcher Gesetze eingeengt werden, ohne dass man es dadurch erwürgt.[21]

Der große Reformator sorgte sich um arme, elende Menschen, die durch menschliche Traditionen getäuscht und durch eine Kirche

---

[19] Gemeint ist Calvins Verteidigungsschrift gegen Kardinal Sadolet; auf Deutsch erschienen unter dem Titel *Musste Reformation sein?* (Göttingen: Vandenhoeck & Ruprecht, 2009). Die Schrift ist auch in anderer Übersetzung sowie im lateinischen Original enthalten in Band 1.2 der Calvin-Studienreihe: *Reformatorische Anfänge 1533-1541* (Neuenkirchen-Vluyn: Neuenkirchener Verlag, 1994); Anm. d. Übers.

[20] Zit. nach der englischen Ausgabe *Defense of the Reformed Faith* (Grand Rapids: Eerdmans, 1958), S. 256.

[21] Ebd., S. 257f.

versklavt wurden, die behauptete christlich zu sein, in Wahrheit aber alles andere als das war.

Heil gibt es weder durch Bußwerke noch durch irgendeine Zeremonie oder menschliche Tat. Heil gibt es – mitsamt der Gewissheit, die es dem Herzen des Gläubigen verleiht – allein in Christus. Durch seinen Tod und seine Auferstehung erfüllte er Gottes Forderungen ein für alle Mal, so dass die Gläubigen die volle Gewissheit des Heils haben können.

Heilsgewissheit hängt nicht von dem ab, was wir tun oder wie wir uns fühlen. Unser Verhalten und unsere Gefühle schwanken. Unser Wandel ist weit davon entfernt, vollkommen zu sein; es gibt gute und schlechte Zeiten. Wenn also Heilsgewissheit irgendwie auf dem Lebenswandel unvollkommener, aber wahrhaft erretteter Menschen beruhen würde, dann würde ihre Gewissheit je nach ihren individuellen Erfahrungen schwanken. Gott sei Dank aber beruht Heilsgewissheit auf einer weit festeren Grundlage: dem unfehlbaren Werk Christi, wie es uns die Verheißungen Gottes und deren Erfüllung schildern. Darum, o Christ: Worauf vertraust du in Sachen Heilsgewissheit? Auf das, was sicher ist und deshalb Gewissheit bringt, oder auf das, was unsicher ist und nur Ungewissheit bieten kann? Die Gewissheit, die dem Katholizismus zu Grunde liegt, kann nichts als Desorientierung, Furcht und Schrecken hervorbringen. Bibeltreue, die verstehen, was die Schrift lehrt, freuen sich mit der festen Gewissheit, dass sie die Ewigkeit im Haus des Vaters verbringen werden.

Ist die Taufe heilsnotwendig?

»Manche lehren, dass die Taufe ein Teil des Evangeliums und darum heilsnotwendig sei.«

Ich weiß. Sie behaupten, das Evangelium *beinhalte* Glaube, Buße und dass man von ihnen durch Untertauchen getauft und Mitglied ihrer Kirche wird. Manche dieser Kirchen des so genannten »Restoration Movement«[22] fügen dem sogar noch hinzu, dass sie die Hände auflegen, damit man den Heiligen Geist empfange.

»Nun, haben sie Recht oder nicht?«

Sie irren.

»Was ist der Beweis dafür?«

Ein Bibelvers, der dies ausdrücklich so sagt.

»Welcher Vers ist das?«

1. Korinther 1,17: »Christus hat mich nicht gesandt zu taufen, sondern das Evangelium zu verkündigen.« Eindeutiger kann man es nicht sagen: Die Taufe und all diese anderen Zeremonien sind nicht Teil der »Guten Botschaft«. Da sie kein Bestandteil des Evangeliums sind, muss man sie ausdrücklich ausschließen, wie es auch Paulus tat.

»Offenbar ist das ein sehr aussagekräftiger Vers.«

Richtig. Doch selbst wenn wir ihn nicht hätten, wüssten wir, dass die von dir genannte Lehrmeinung falsch ist.

»Wie?«

Nun, die Gute Botschaft ist ein Bericht über etwas, das bereits vollbracht wurde, und nicht ein Gebot, dem noch Folge zu leisten wäre. Du tust nicht etwas, um gerettet zu werden; durch den Glauben empfängst du, was bereits für dich getan wurde. Am Kreuz starb Jesus für die Sünden seines Volkes und stand danach von den

---

[22] Die größte Kirche dieser auf das 19. Jahrhundert zurückgehenden evangelikalen Bewegung ist die Church of Christ. Auch die römisch-katholische Kirche und die östlich-orthodoxen Kirchen lehren ebenso die Taufwiedergeburt wie Sekten wie die Mormonen; Anm. d. Übers.

Toten auf. *Das* ist das Evangelium (gemäß 1. Korinther 15,3). Wir dürfen dem Evangelium keine Werke hinzufügen wie einen Taufritus oder eine Zeremonie wie das Händeauflegen, als ob das Kreuz nicht genügte. Nein, das alte Kirchenlied stimmt: »Jesus hat alles bezahlt.« Uns Teil ist, schlicht zu glauben.

Mehr noch; der Heilige Geist selbst ist derjenige, der uns in den Leib Christi tauft. Paulus schreibt: »Denn in *einem* Geist sind wir alle zu *einem* Leib getauft worden ...« (1Kor 12,13). Die Vertreter der Taufwiedergeburt aber wollen es genau umgekehrt haben, wie es dieser Vers sagt, und liegen daher in jeder Hinsicht daneben. Die Wassertaufe ist nur das äußere Symbol der inneren Realität.

Sei auf der Hut, wenn jemand versucht, dem Evangelium etwas hinzuzufügen! Paulus sagte ernste Worte über solche, die es zu ändern versuchten:

> Aber selbst wenn wir oder ein Engel vom Himmel euch etwas anderes als Evangelium verkündigen würden als das, was wir euch verkündigt haben, der sei verflucht! (Gal 1,8 SCH)

Damit sind die gemeint, die »das Evangelium von Christus verdrehen wollen« (Gal 1,7). Und in Vers 9 wiederholt Paulus diese Drohung:

> Wie wir es zuvor gesagt haben, so sage ich auch jetzt wiederum: Wenn jemand euch etwas anderes als Evangelium verkündigt als das, welches ihr empfangen habt, der sei verflucht!

Wie ich schon sagte: Das sind starke Worte. Es ist nämlich eine sehr ernste Angelegenheit, und so muss man auch damit umgehen.

»Das verstehe ich.«

Die katholische Lehre der Transsubstantiation

Worum geht es bei der Transsubstantiation in der katholischen Messe? Werden Brot und Wein tatsächlich in Leib und Blut Christi verwandelt? Millionen von Menschen glauben, dass dem so ist. Wenn die römisch-katholische Kirche Recht hätte, dann wäre das Messopfer ein fortwährendes Wunder – völlig verschieden von allem anderen in der Bibel.

Doch wollen wir sehen, was Sache ist.

Zuerst einmal: Beachte, dass Jesus sagte, man solle von dem Brot essen und von dem Wein trinken, um sich an ihn zu erinnern. Was beim Abendmahl geschieht, dient also zum Gedächtnis.

Zweitens heißt es: Das Essen dient der Verkündigung (wörtlich »Proklamation«) seines Todes, bis er kommt. Aber es gibt nicht den Hauch einer Andeutung, mit dem Abendmahl sei ein kannibalistischer Akt gemeint, dass man Jesus leibhaftig äße.

»Ah! Aber er hat doch gesagt: ›Dies ist mein Leib‹, und: ›Dies ist mein Blut‹! Wie willst du das wegerklären?«

Ich brauche es gar nicht »wegerklären«, wie du es nennst. Ich betreibe schlicht sachgemäße Exegese. Als Jesus zum Beispiel sagte: »Ich bin das Brot des Lebens«, »das Wasser des Lebens« oder »die Tür zu den Schafen«, meinte auch niemand, Jesus wäre ein Laib Brot, eine Flüssigkeit oder Bretter, die an Scharnieren hängen. Gott sei Dank gibt es einen überaus wichtigen Zweck, das Sterben des Herrn für Sünder zu proklamieren, und dieser Zweck widerspricht nicht dem Heilsweg, sondern stimmt mit ihm überein. Aufgrund von Hebräer 9,28 und 10,1-2.11-14 müssen wir daran festhalten, dass Christus »ein für alle Mal« gestorben ist. Dem widerspricht die Lehre, Jesus würde auf römisch-katholischen Altären immer wieder unblutig geopfert (die Transsubstantiationslehre setzt das voraus).

Welche Torheit ist es zu meinen, die Apostel hätten mehr darunter verstanden als das, was Jesus sagte – dass das Mahl eine

Gedächtnis- und Verkündigungshandlung ist. Immerhin saß er direkt vor ihnen lebendig in Fleisch und Blut. Wenn ich dir ein Bild von mir zeigen und sagen würde: »Schau, das bin ich«, würdest du dann annehmen, dass sich das Bild irgendwie in mich verwandeln würde? Natürlich nicht! Mein Freund, solltest du dich in diese Sophisterei der mittelalterlichen Scholastiker verstrickt haben, dann denke noch einmal darüber nach.

6

Als Christ leben (Ethik)

Gerettet, geheiligt und mit dem Heiligen Geist erfüllt

»Was bedeutet es, ›geheiligt‹ zu sein? Ein Freund von mir sagt, er sei ›gerettet, geheiligt und mit dem Heiligen Geist erfüllt‹.«

Dein Freund gehört vermutlich einer Gemeinde der Heiligungsbewegung oder der Pfingstbewegung an, in der man lehrt, man könne vollkommen geheiligt sein, d. h. im jetzigen Erdenleben sündlos wandeln. Kann das sein?

»Genau so ist es.«

Nun, in der Schrift hat »geheiligt« die Bedeutung: abgesondert von der Sünde weg und zur Gerechtigkeit hin. Christen werden bei der Wiedergeburt für Gott abgesondert, aber die Bibel lehrt auch, dass jeder, der behauptet, nicht zu sündigen, irrt und Gott zum Lügner macht: »Wenn wir sagen, dass wir nicht gesündigt haben, machen wir ihn zum Lügner, und sein Wort ist nicht in uns« (1Jo 1,10). Ähnlich auch Vers 8: »Wenn wir sagen, dass wir keine Sünde haben, betrügen wir uns selbst, und die Wahrheit ist nicht in uns.« Das ist also keine Lappalie, sondern eine sehr ernste Sache. Etwas zu sagen, was Gott in ein derart schlechtes Licht rückt, darf man nicht auf die leichte Schulter nehmen.

»In der Tat!«

Allerdings! Heiligung – in dem Sinne verstanden, dass man den alten Menschen ablegt und statt dessen den neuen anzieht, indem man sündige Verhaltensmuster durch ihre biblischen Alternativen ersetzt – ist kein einmaliger Akt, sondern ein Prozess. Natürlich wird man, wenn man gerechtfertigt und ein Gotteskind wird, auf der Stelle von anderen Nichtchristen »abgesondert«, aber darum geht es hier nicht. Der Gläubige wird nur allmählich von der Sünde abgesondert, und das dauert sein ganzes Leben lang. Erst wenn er in den Himmel kommt, wird er vollkommen geheiligt, d. h. völlig frei von aller Sünde sein.

»Ich verstehe.«

Um die Lehre der völligen Heiligung aufrecht erhalten zu können, halten es viele für nötig, eine Reihe von Sünden als weniger schlimm zu beurteilen: Irrtümer, Fehler, Falscheinschätzungen usw. Dann redet man von solchen Begriffen anstatt von Sünde. Andernfalls könnte man unmöglich die Meinung aufrechterhalten, man könnte sündlos werden. Wenn dein Freund also die »völlige Heiligung« vertritt, hat er damit einen sehr gefährlichen Standpunkt.

»Von genau solchen Dingen redet er immer.«

Mehr als von Sünde?

»Korrekt.«

Nun, kannst du verstehen, wie gefährlich es für ihn ist, sich auf diese Weise selbst zu betrügen?

»Ich denke schon; aber kannst du mir mehr darüber sagen?«

Okay. Es ist wichtig, Sünde immer als Sünde anzuerkennen. Wenn nicht, dann wirst du wahrscheinlich nicht so viel Acht darauf geben, sie zu vermeiden. Und du wirst fortfahren, Gott ungehorsam zu sein. Wenn etwas nur eine »Falscheinschätzung« ist statt ein Vergehen gegen einen heiligen Gott, dann ist das schon ein großer Unterschied. Tatsächlich kann sich das direkt oder indirekt darauf auswirken, inwiefern man bereit ist sich zu ändern. Es ist durchaus möglich, dass dies sein geistliches Wachstum verhindert. Und laut der zitierten Stelle aus dem ersten Johannesbrief ist er in der wenig beneidenswerten Lage, die Wahrhaftigkeit Gottes zu leugnen.

»Hmmm. Ich glaube, ich verstehe jetzt, dass diese Frage wohl wichtiger ist, als ich dachte.«

Sie ist überaus wichtig. Sie ist in der Tat so wichtig, dass du versuchen solltest, deinen Freund von der Wahrheit über die Heiligung zu überzeugen. Wenn niemand sonst das tut, könnte es sein, dass er fortfährt zu sündigen, ohne es zu merken.

»Da muss ich zustimmen; das wäre nicht gut!«

Darauf kannst du wetten.

Willst du dich verändern?

»Ja, gerne; aber ich bin nicht sicher, ob das möglich ist. Ich versuche es ständig, aber immer wieder falle ich in alte Verhaltensweisen zurück.«

Bist du Christ?

»Ja. Ich glaube, dass Christus für meine Sünden gestorben und von den Toten auferstanden ist.«

Nun, dann gibt es allen Grund anzunehmen, dass du dich verändern kannst. Jesus hat größtes Interesse daran, Gläubigen zu helfen, dass sie sich verändern. Achte mal auf folgenden Vers:

> … wie der, welcher euch berufen hat, heilig ist, sollt auch ihr heilig sein in eurem ganzen Wandel. (1Petr 1,15 SCH)

Gott ist heilig – getrennt von Sünde und der Gerechtigkeit geweiht – und er will, dass du wie er bist. Und er verlangt von einem Gläubigen nichts, wozu er ihn nicht weise und fähig macht. Er will dir helfen. Bedenke auch Philipper 2,13:

> Gott ist es, der in euch sowohl das Wollen als auch das Vollbringen wirkt nach seinem Wohlgefallen. (SCH)

Wenn du dich wirklich verändern willst, um ihm zu gefallen, dann hat er schon begonnen, die erste Verheißung in diesem Vers zu erfüllen.

»Das wäre großartig; aber wie soll das gehen? Ich versuche, nicht zu sündigen, aber ich falle trotzdem in Sünde.«

Lass uns ein paar Dinge betrachten, die etwas verändern.

»Okay. Fahr fort. Aber wie es scheint, kann ich mit meinen Gewohnheiten nicht brechen.«

Du erkennst, dass deine Gewohnheiten dir im Weg stehen? Das ist gut! Wir werden uns später noch damit befassen. Zunächst aber wollen wir untersuchen, wie du versuchst, mit ihnen klarzukommen. Habe ich dich richtig verstanden, dass du versuchst, mit deinen Gewohnheiten zu »brechen«?

»Richtig.«

Nun, Veränderung ist ein Prozess mit zwei Seiten. Du kannst es nicht schaffen, indem du nur Gewohntes sein lässt. In Epheser 4 und Kolosser 3 sagt Paulus, dass du nicht nur den alten Lebenswandel »ablegen« musst (den »alten Menschen«, deine alten Angewohnheiten), sondern auch zugleich eine Reihe Gott wohlgefälliger Verhaltensmuster »anziehen« sollst.

»Oh! Das war mir gar nicht klar.«

Nun, dann wollen wir genau hier anfangen. Du kannst Gewohnheiten nicht brechen; du musst sie ersetzen – durch ihre biblischen Alternativen! Wenn du wirklich von Herzen wünschst, zur Ehre Christi zu leben, dann wirst du das auch gewiss können; denn der Heilige Geist wird dir helfen, die Sünde immer mehr abzulegen und die Gerechtigkeit anzuziehen. Es ist seine Aufgabe, Gläubigen zu helfen, die sich verändern wollen. Bist du sicher, dass du dich verändern willst, um Jesus zu gefallen?

»Ja!«

Das bedeutet, dass sich an deinem derzeitigen Lebenswandel einiges radikal ändern muss. Christus gefallen kann heißen, sowohl Denk- als auch Verhaltensweisen zu ändern. Gott sagt uns, dass unsere Wege und Gedanken nicht seine Wege und Gedanken sind (Jes 55,18). Das bedeutet (und da kannst du dir sicher sein!), dass es in beiden Bereichen – Denken und Verhalten – Veränderungen geben muss. Und um neue Denkweisen zustande zu bringen, musst du viel Zeit mit dem Bibelstudium verbringen wie auch damit zu lernen, wie du die Lehren der Bibel in die Praxis umsetzt. Vielleicht musst du dazu darauf verzichten, Zeit mit Fernsehen und dergleichen zu vergeuden. Bist du wirklich ernsthaft bereit, dich um jeden Preis zu verändern?

»Ja, das ist mir ernst!«

Gut! Dann wollen wir loslegen!

Wachstum

»Heiligung« ist der theologische Begriff, »Wachstum« das tatsächliche Ergebnis. Das Wort »heiligen« bedeutet »absondern«.

»Wovon?«

Gute Frage; aber sie trifft es nur zur Hälfte. Es geht sowohl darum, sich *von* etwas abzusondern, als auch *für* etwas. Es geht dabei nicht nur darum, etwas zu verneinen. Es ist von entscheidender Bedeutung, auch die positive Seite zu verstehen. Sich allein *von* etwas abzusondern, würde entweder dazu führen, dass alles im Sande verläuft, oder dazu, dass man zu einem Griesgram wird, der an allem immer etwas auszusetzen hat. Glaub mir, solche Leute gibt es; aber sie sind nicht das, was bei biblischer Heiligung herauskommt. Bei echter Heiligung gibt es kein geistliches Vakuum. Wenn etwas verschwindet, kommt immer etwas anderes neu hinzu, das dessen Platz einnimmt. Jesus beschrieb dies einmal mit dem Bild von einem sauber ausgefegten Haus, das ein Dämon verließ, nur um es später zusammen mit sieben anderen zurückzuerobern (Mt 12,45).[23]

»Das ist interessant; ich habe mir unter Heiligung immer so etwas wie einen Hausputz vorgestellt.«

Nun, wenn du die Fußnote unten kurz anschaust, wirst du verstehen, dass du damit nicht ganz verkehrt liegst, aber auch nicht ganz richtig.

»Oh, das hatte ich übersehen; gewöhnlich sprichst du nicht in Fußnoten. Ich vermute also, dass es vielmehr nötig ist, das Leben mit Gerechtigkeit zu füllen, statt ein Vakuum zu erzeugen, in das alle möglichen anderen Sünden eindringen werden – an Stelle derer, die man vorher ausgekehrt hat.«

Ich denke, so kann man's auch sagen.

---

[23] An dieser Stelle bezieht Jesus sich darauf, dass das jüdische Volk nur oberflächlich auf den Dienst Johannes des Täufers reagiert hatte, so wie es auch bei seinem Vorgänger Elia war, mit dem er verglichen wurde.

»Was aber nimmt den Platz all der falschen Dinge ein, die man vorher hinausgeworfen hat?«

Wenn man sich in Laufe seines gesamten Lebens verändert (es gibt keine sofortige, vollständige Heiligung), nimmt man allmählich einen Lebenswandel an, der von Gerechtigkeit, Heiligkeit und wahrer Erkenntnis geprägt ist. Diese Dinge sind Bestandteile des Ebenbildes Gottes, die beim Sündenfall verloren gingen und die bei diesem Prozess der Heiligung wieder hergestellt werden. Nach Epheser 4,24 und Kolosser 3,10[24] sind es diese drei Dinge – Gerechtigkeit, Heiligkeit und wahre Erkenntnis –, die unser Leben zurückerobern. Sie sind eine ziemlich vollständige Zusammenfassung dessen, was dem Leben der Menschen fehlt, die Christus nicht kennen.

»Könntest du das etwas genauer definieren?«

Klar. Gerechtigkeit bedeutet, in einer Sache »recht« zu sein. In der Bibel bedeutet das nicht nur, dass dein Denken recht ist, sondern auch die Art und Weise, wie du dieses Denken auslebst. Allzu viele Christen können das Erste gut, das Zweite aber nur schlecht. Gerecht zu sein heißt, einem Maßstab gerecht zu werden, und dieser Maßstab ist die Bibel.

»Das ist sonnenklar. Was ist mit den anderen beiden Dingen?«

In der zitierten Stelle aus dem Epheserbrief steht für »Heiligkeit« nicht das Wort, das gewöhnlich so übersetzt wird, sondern ein besonderer Ausdruck, der auch mit »zentral auf Gott ausgerichtet sein« wiedergegeben werden kann. Es spiegelt die Vorstellung von etwas wider, das für Gott allein charakteristisch ist. Heilig zu sein bedeutet somit, dass der Betreffende jetzt eine neue Ausrichtung hat, in der Gott und alles, was sich besonders auf ihn bezieht, von höchstem Interesse ist.

»Das habe ich noch nie gehört. Klingt aber logisch.«

Der dritte Ausdruck – wahre Erkenntnis Gottes – bedeutet:

---

[24] »... und den neuen Menschen angezogen habt, der nach Gott geschaffen ist in wahrhaftiger Gerechtigkeit und Heiligkeit« (Eph 4,24). »... und den neuen angezogen habt, der erneuert wird zur Erkenntnis nach dem Bild dessen, der ihn erschaffen hat!« (Kol 3,10).

jemand erkennt erstmals (und bleibend) heraus, dass er fähig ist, Gottes Gedanken nachzudenken, und beginnt damit. Genau wie du (du bist ja jetzt an den Dingen, die Gott betreffen, näher interessiert) fängt er nun an, die Dinge so zu sehen, wie Gott sie sieht.

Wie du also siehst ist »Heiligung« ein Ausdruck, der das Wachstum des christlichen Lebenswandels weg von der Sünde und hin zur Gerechtigkeit beschreibt. Es ist ein Ausdruck, der nicht nur davon spricht, dass man von dem frei wird, was falsch ist, sondern auch, dass das Abgelegte durch das ersetzt wird, was richtig ist. In einem gewissen Sinn sagt das Wort »er-setzt« schon das alles.

»Danke; ich hätte nie gedacht, dass all das dazu gehört.«

Während diese Ersetzung stattfindet, wirst du feststellen, dass es eine ziemlich umfangreiche Sache ist; dies schließt auch ein, dass dein Leben in eines verwandelt wird, das immer mehr dem Leben Christi ähnlich wird.

Gebet

Viele haben Probleme mit dem Gebet. Ich meine damit nicht, dass es für uns gewöhnlich schwierig ist, die Selbstdisziplin für regelmäßiges, ernstliches Gebet aufzubringen. Dies dürfte zwar das größte Problem in Sachen Gebet sein, aber es ist bei weitem nicht das einzige. An dieser Stelle möchte ich auf die Schwierigkeiten eingehen, die man regelmäßig übersieht – sei es aus Unwissenheit oder weil man sich dafür schämt.

Also: Deine Gebete wurden nicht so erhört, obwohl die Bibel es deinem Verständnis nach verheißt? Autsch – da habe ich wohl genau den richtigen Nerv getroffen?! Lass mich dir einen möglichen Grund dafür erklären, der oft übersehen wird – oder den man nicht einmal ahnt: Nicht jede biblische Verheißung in der Schrift gilt dir persönlich. Du bist schlicht und einfach nicht gemeint.

»Was?«, wirst du fragen: »Wie kann das sein? Gibt es etwa Christen zweiter Klasse?«

Ich dachte mir schon, dass dich diese Aussage überraschen wird. Diese Tatsache wird nicht oft erwähnt und ist doch nur allzu wahr. Bevor ihr aber deswegen gleich alle völlig aus dem Häuschen seid, will ich es erklären.

Johannes 13-17 enthält zahlreiche, sehr wichtige Verheißungen über das Gebet. Zum Beispiel werden in Johannes 14,14; 15,7; 16,23 und 17,24 Verheißungen gegeben, die scheinbar allumfassend sind. Zusammengefasst lauten sie: »Bitte, worum du willst – und du wirst es bekommen!« Warum sieht es dann bei dir ständig anders herum aus? Nicht alle deine Gebete werden erhört, oder? Sicher betrügt Gott dich nicht, oder? Nein, das tut er nicht. Wenn du dich auf diese Verheißungen berufst, betrügst du dich selbst. Prediger, Bibellehrer und die Leute allgemein (viele von ihnen sollten es besser wissen!) pochen auf diese Schriftstellen, wenn sie die Leute bedrängen zu beten. Doch so sollte man das niemals tun. Es gibt genug andere Bibelstellen, die man mit Recht als Motivation zum Beten heranziehen könnte. Aber die oben genannten Stellen gelten nicht dir.

»Etwas in der Bibel gilt nicht mir? Das ist mir neu. Erklär mir das bitte!«

Als Jesus diese Verheißungen in Johannes 13-17 gab, sprach er zu einer exklusiven Gruppe: zu seinen zwölf Aposteln. Er sagte ihnen, womit sie in ihrem einzigartigen apostolischen Dienst zu rechnen hatten. Man muss große Sorgfalt darauf verwenden, wenn man fest behaupten möchte, dass auch nur ein Vers in diesen Kapiteln mit Recht auf Christen allgemein bezogen werden kann, denn bei einem Großteil dieser Verse ist das nicht möglich. Es geht hier ausschließlich um die besonderen Umstände, denen die Apostel begegnen sollten, als sie das Evangelium in die Welt hinaustrugen. Und das waren Schwierigkeiten, denen die meisten von euch nie begegnen werden.

Die erste Frage wäre also damit geklärt. Als nächstes ist es wichtig festzustellen, dass man die Warnungen und Erklärungen zum Gebet aus dem Jakobusbrief oft ignoriert. Jakobus hat mehr darüber zu sagen, warum Gebete *nicht* erhört werden, als darüber, *dass* sie erhört werden. Immer wieder ermahnt er, dass nicht alle Gebete erhört werden – und gibt gewöhnlich auch den Grund dafür an. Betrachte zuerst einmal Jakobus 4,1-3; 1,6-7. In diesen Versen nennt er als Grund für nicht erhörte Gebete:

- wankelmütiges, zweifelndes Gebet;
- Gebet, das nur zur Befriedigung eigener Konsumwünsche dienen soll;
- und sogar dass man gar nicht erst um etwas bittet.
- Außerdem wird in Jakobus 4,13-17 als Grund für nicht erhörte Gebete der Hochmut genannt, in dem wir unsere Geschäfte planen, ohne einzuschränken: »Wenn der Herr will.«
- Und zusammenfassend erinnert er uns daran, wovon Gebetserhörung abhängig ist: »Des Gerechten Gebet vermag viel, wenn es ernstlich ist« (Jak 5,16 LUT).

Genug dazu, warum Gebete nicht erhört werden (man könnte noch mehr nennen). Was ist Gebet? Viererlei. Um es sich leicht merken zu können, nehmen wir die ersten Buchstaben des Alphabets:

- **A**nbetung: Gott sagen, wie sehr wir ihn dafür lieben, wer und was er ist.
- **B**ekenntnis / **C**onfessio: Buße über Sünde tun, indem man Gottes väterliche Vergebung sucht.
- **D**anksagung: Du bringst deine Dankbarkeit für all das zum Ausdruck, was er für dich tut.
- **E**rnstes **F**lehen: Gott um etwas bitten, das im Einklang mit seinem Willen steht.

Ein weiterer nur selten erkannter Faktor ist: Dein Gebet ist nicht so wichtig, wie du vielleicht meinst. Allzu oft wird das Gebet über alles andere hinaus als das erhoben, was einen wahrhaft geistlichen Menschen am meisten auszeichnet. Sicher ist Gebet wichtig und Gott ist erfreut, wenn seine Kinder ihn und seine Hilfe suchen. Er verheißt dem Gebet großen Lohn – aber keinen so großen, wie manche Christen meinen.

Lass mich dich fragen: Was ist wichtiger – das, was Gott sagt, oder das, was du sagst? Du musst zugeben: das, was Gott sagt. Dann lass nie zu, dass du das Studium des Wortes Gottes (was er zu sagen hat) vernachlässigst, indem du es dem Gebet unterordnest! Wer Gottes Wort recht versteht und befolgt, wird beten; wer aber betet, wird nicht zwingend Gottes Wort verstehen oder befolgen.

Gebet ist ein Thema, über das man nachdenken, aber nicht übertreiben muss. Gebet ist ein Thema für alle, aber wie wir gesehen haben, gelten nicht alle Aussagen darüber für alle. Behalte dies im Hinterkopf, und du wirst nicht so leicht darüber enttäuscht sein, wie Gott angemessen und treu auf dein Gebet reagiert.

Urteilsvermögen

Paulus schrieb an die Philipper:

> Und um das bete ich, dass eure Liebe noch mehr und mehr überströme in Erkenntnis und allem Urteilsvermögen, damit ihr prüfen könnt, worauf es ankommt, sodass ihr lauter und ohne Anstoß seid bis auf den Tag des Christus. (Phil 1,9-10 SCH)

»Das ist ein interessantes Gebet. Was meint Paulus deiner Meinung nach damit?«

Dass sie genügend Wissen und ein klares Verständnis des Wortes Gottes erlangen, dass sie fähig werden, zwischen Wahrheit und Irrtum zu unterscheiden und deshalb am Jüngsten Tag aufrichtig sagen können, dass sie in Übereinstimmung mit Gottes Wort geglaubt und gelebt haben.

»Dazu braucht es schon eine ganze Menge.«

Sicher; aber das Leben ist nicht einfach. Deshalb müssen wir so viel Zeit mit dem Studium der Schrift verbringen, damit wir prüfen können, worauf es ankommt; schließlich ist nicht alles Gold, was glänzt.

»Ziemlich viele Leute sind genau an diesem Punkt gehörig durcheinander geraten, oder? Sie können nicht zwischen Wahrheit und Irrtum unterscheiden.«

Ja. Das kann man »mangelndes Urteilsvermögen« nennen.

»Urteilsvermögen … Hmmm … Was genau ist eigentlich Urteilsvermögen?«

Genau das, was Paulus sagt: die Fähigkeit zu prüfen, worauf es ankommt – selbst wenn grundverschiedene Dinge sich manchmal zum Verwechseln ähneln.

»Ist das ein Prozess des Unterscheidens?«

Das kann man so nennen. Tatsächlich ist es so, dass eines der Wörter im Hebräischen Alten Testament für »Urteilsvermögen«, *bîn*, so viel bedeutet wie »ein Ding vom anderen trennen«. Viele

Leute wurden durch Schriften der Zeugen Jehovas betrogen, weil diese scheinbar biblisch sind. Aber sie sind es nicht. Die Leute vergessen, dass selbst der Teufel die Bibel zitiert. Man braucht Urteilsvermögen, um zu erkennen, dass sie ein Schwindel sind. Mir haben sogar schon wohlmeinende Christen, die es nicht besser wussten (d. h. denen es an Urteilsvermögen mangelte), bibelkritische Bücher geschenkt, die Gottes Wort verleugnen!

Mehr noch: Nicht jeder, der die Bibel auslegt, tut dies richtig. Ich spreche jetzt von Gläubigen. Paulus wollte, dass seine Leser die Dinge klar und deutlich unterscheiden können. Allein schon mit welchem Wortlaut man etwas ausdrückt, kann entscheidend dafür sein, ob das Gesagte oder Geschriebene Wahrheit oder Irrtum ist. Manche Christen hören die absurden Lehren von Radio- und Fernsehpredigern; sie schlucken deren Fehldeutungen der Schrift und meinen, hier das einzig Wahre zu bekommen. Sie brauchen Urteils- und Unterscheidungsvermögen.

»Das verstehe ich. So manches, was ich im Rundfunk zum Beispiel über Prophetie höre, ist offensichtlich falsch. Und diese Prediger bekommen wahrscheinlich eine Menge Geld von Gläubigen, die meinen, damit die Verbreitung des Evangeliums zu unterstützen. Es scheint auch für manche zuweilen recht schwierig zu sein, hier den Unterschied zu erkennen. Gibt Gott uns einfach so das nötige Unterscheidungsvermögen, wenn wir ihn nur darum bitten?«

Nun, in Salomos Fall hat er genau das getan. Vor einer Minute noch hatte er's nicht, und dann – kabumm! – hatte er's. Das allerdings war ein Sonderfall; der Bericht in der Bibel macht das klar. Heute bekommen wir Unterscheidungsvermögen Schritt für Schritt, indem wir unter Gebet die Schrift studieren und lernen, sie auf unser Alltagsleben anzuwenden. Der Hebräerbrief sagt zum Thema Unterscheidungsvermögen: »Wer … noch Milch genießt, der ist unerfahren im Wort der Gerechtigkeit; denn er ist ein Unmündiger.« Wie ein Baby versteht er nicht viel von der biblischen Lehre. Aber der Apostel fährt fort: »Die feste Speise aber ist für die Gereiften, deren Sinne durch Übung geschult sind zur Unterscheidung des Guten und des Bösen« (Hebr 5,13-14 SCH). Da haben wir es – das ist Unterscheidungsvermögen! Es beschreibt einen gereiften, erwachsenen Gläubigen. Und wie du siehst, bekommt man dieses Unterscheidungsvermögen, indem man es sich anhand der Schrift »antrainiert«. Die Bibel ist der Maßstab dafür, dass man beurteilen kann, was Gott wohlgefällig ist und was nicht.

»Wenn ich also nicht jedem gut verpackten Programm auf den Leim gehen will, das sich biblisch nennt, ohne es zu sein, dann muss ich mein Unterscheidungsvermögen anhand der Bibel trainieren, damit ich klar genug erkennen kann, worauf es ankommt?«

Du hast es erfasst!

»Wie aber kann ich ein solches Training bekommen?«

Es sollte von deiner Gemeinde angeboten werden. Nun ist mir bewusst, dass das nicht überall so ist. Dann musst du dir einiges im Selbststudium aneignen. Natürlich kann das manchmal auch bedeuten, die Gemeinde zu wechseln, wenn in deiner jetzigen keine Hoffnung besteht, dass du dort das lernst, was du brauchst. Ein Gemeindewechsel aber will reiflich überlegt sein; oft kannst du dabei vom Regen in die Traufe kommen. Die Lösung kann Selbststudium heißen. Und das ist letzten Endes gar nicht mal so schlecht. In einem solchen Fall schlage ich vor, dass du mit meinem Buch *A Call to Discernment* anfängst.[25] Damit könntest du jedenfalls anfangen.

»Gut; danke für diese Erklärung! Ich werde wohl genau das tun.«

Gern geschehen! Nachdem das Buch gelesen hast, solltest du feststellen können, ob das, was ich darin schreibe, stimmt oder nicht. Nimm dir Zeit dafür!

[25] »Ein Aufruf zum Unterscheidungsvermögen«, auf Deutsch bisher nicht erschienen. Alternativ empfehlen wir als deutscher Herausgeber z. B. *Es ist nicht alles Gold was glänzt* von John MacArthur.

Bist du ein Tempelräuber?

In Römer 2 erklärt Paulus, wie sich die Juden in Widersprüche verwickelt hatten: sie beanspruchten Gottes Volk zu sein, tatsächlich aber hatten sie den Bund mit Gott gebrochen. So stellt er ihnen die Frage:

> Der du die Götzenbilder für Gräuel hältst, du begehst Tempelraub? (Röm 2,22)

»Das habe ich schon einmal gelesen, aber es scheint mir keinen Sinn zu ergeben. Worum geht es bei diesem ›Tempelraub‹ überhaupt?«

Gute Frage. Bist du sicher, dass du es nicht verstehst?

»Ich bin mir völlig sicher. Ich weiß, was ein Tempel ist und was Raub ist; aber ich kann nicht beides zusammenbringen.«

Nun, Paulus zeigt auf, dass diejenigen, die auf einem Gebiet so eifrig bemüht sind, religiös korrekt zu sein, feststellen sollten (indem sie gründlicher über sich selbst reflektieren), dass sie überhaupt nicht so gerecht sind, wie sie meinen. Paulus will, dass sie erkennen, dass sie die rettende Gnade Jesu Christi benötigen, damit ihre Sünden gesühnt und sie von aller Ungerechtigkeit rein werden. In Römer 1 erklärt Paulus, warum die Heiden vor Gott Sünder sind und Rettung brauchen. Hier in Kapitel 2 sagt er, inwiefern dasselbe auf die Juden zutrifft. Und dann fasst er das in Kapitel 3 mit den Worten zusammen: »alle [Juden und Heiden gleichermaßen] haben gesündigt und erlangen nicht die Herrlichkeit Gottes« (Röm 3,23).

»Das ist sicher sehr hilfreich; danke für die Erklärung. Aber was ist nun mit ›Tempelraub‹?«

Ach, das vergaß ich zu erwähnen? Entschuldigung.

»In der Tat. Also, ›erwähne‹ es bitte!«

Okay, okay. Weißt du, Tempel – sowohl heidnische Tempel als auch der Tempel in Jerusalem – waren nicht nur der Versammlungsort, wo die Leute ihren Gott anbeteten; sie dienten außerdem auch anderen Zwecken. Sie dienten nämlich außerdem …

»Außerdem? Bitte sag's mir!«

Meine Güte; etwas Geduld, bitte! Ich wollte es ja gerade sagen: Außerdem dienten Tempel auch als Bank. Einen Tempel auszurauben, heißt also, ein Bankräuber zu sein.

»Na endlich. Danke!«

Bitteschön. Folgenden Grundsatz können wir hieran verstehen: Man kann Feuer und Flamme für einen bestimmten Aspekt seiner Religion sein und alle möglichen betreffenden Regeln peinlich genau einhalten, aber zugleich manch andere schändliche Sünde begehen, ohne Gewissensbisse zu haben. Wahrscheinlich dachte Paulus an einige bekannte Fälle, auf die seine Leser wohl ansprechen würden.

»Ich glaube nicht, dass es heute noch Tempelräuber gibt; schließlich gibt es nirgendwo mehr Tempel!«

Bestimmt gibt es sie noch irgendwo in heidnischen Ländern. Aber wenn jemand sie ausraubt, würden wir wohl nie davon hören. Jedoch kann man den Grundsatz immer noch anwenden sogar auf heutige Christen.

»Wie das?«

Nun, wie ich schon sagte, ist es leicht, bestimmte Vorschriften einzuhalten und zugleich andere (vielleicht wichtigere) Dinge zu unterlassen.

»Nenn mir ein Beispiel.«

In der Anfangszeit der Reformation gab es Lutheraner, die leidenschaftlich die leibhaftige Gegenwart Jesu im Abendmahl verteidigten. In dieser Frage folgten sie Luther, als dieser die Hand ausschlug, die ihm der reformierte Theologe Zwingli anbot. Und später kam es dann so: Als einige Reformierte (also Anhänger Zwinglis oder Calvins) per Schiff um ihr Leben flohen, weil sie verfolgt wurden, gerieten sie in einen schweren Sturm. Sie suchten einen sicheren Hafen in Städten, die von solchen strengen Lutheranern gehalten wurden, aber die Lutheraner wiesen die Reformierten ab. Wie mir scheint, ist das ein treffendes Beispiel dieser Art von eklatanter Widersprüchlichkeit – peinlich genau in der einen Sache und himmelschreiend daneben in einer anderen.

»Ich stimme zu.«

Aber jetzt sollten wir den Tempelraub aus der Apostelzeit und den Starrsinn mancher zur Reformationszeit in unsere Zeit übertragen. Die Frage lautet: »Wie setzt du deine biblischen Glaubensgrundsätze auf eine Weise um, die mit anderen Aspekten deines christlichen Lebenswandels in Einklang steht?« Diese Frage ist für uns alle wichtig, um uns von Zeit zu Zeit selbst zu hinterfragen.

»Was sollte ich deiner Meinung nach untersuchen?«

Dazu kann ich nichts sagen. Du musst dich schon selbst um deine eigenen »Tempel« kümmern; ich habe mit meinen genug zu tun!

Wann wird das endlich aufhören?

Was?

»Dass die Leute immer nur über alles meckern, statt Probleme zu lösen.«

Nie. Nicht bevor der Herr kommt. Aber das ist eine ernste Sache, weißt du?

»Wirklich? Ich dachte, sündige Menschen handeln einfach nun mal so.«

Das stimmt zwar; aber warum lässt du nicht in dem Satz, den du gerade gesagt hast, das »einfach nun mal« weg? Es schwächt deine Aussage viel zu stark ab, meinst du nicht?

»Ich denke schon. Aber ernsthaft: Meckern ist doch nicht so schlimm wie vieles andere: Ehebruch, Mord und so weiter – oder?«

Nun, ich möchte nicht anfangen, Sünden miteinander zu vergleichen; sie sind alle schlimm, weil sie ein Angriff auf Gott sind. Aber Meckern ist sehr viel schlimmer, als die meisten denken.

»Echt? Wie kommst du darauf?«

Das steht so in 1. Korinther 10. Beachte: dort steht, dass eine ganze Generation Israeliten umkam, weil sie darüber meckerten (»murrten«), wie Gott mit ihnen umging. Es scheint, dass sie an allem, womit er sie segnete, immer noch etwas auszusetzen fanden.

»Wow! Ich schätze, dann ist Meckern also doch eine ziemlich ernste Sache!«

Davon kannst du ausgehen.

»Aber warum? Was macht es so schlimm?«

Es ist nichts anderes, als Gott zu sagen, dass wir besser wissen als er, wie er die Welt lenken sollte. Es heißt in Abrede zu stellen, dass er in seiner guten Vorsehung für uns sorgt.

»Aber es geschieht doch so viel Böses, nicht wahr?«

Natürlich. Wie könnte es anders sein, wo doch Christen so oft murren? Wer murrt, übersieht das, was Gott auf lange Sicht mit seinem Tun erzielen wird. Sicher, das Leben ist oft hart – kurzfristig gesehen. Doch wenn du glauben würdest, dass sich – wie er sagt – in Zukunft alles für die Gläubigen zum Guten wenden wird, dann würdest du dich nicht beklagen.

»Das ist wohl wahr. Und ich glaube, unterm Strich kommt es nur auf eine Sache an.«

Worauf?

»Unterm Strich betrachtet ist die entscheidende Frage, ob man Glauben hat oder nicht.«

Ich denke, da hast du den Nagel auf dem Kopf getroffen!

Entscheidungen treffen

»Entscheidungen, Entscheidungen; immer muss ich Entscheidungen fällen!«

Ja, so ist das Leben! Du könntest gewissermaßen sogar sagen: Genau daraus besteht das Leben – aus Entscheidungen.

»Hmmm: ›daraus besteht das Leben‹ – das ist mir neu. Wie kommst du darauf?«

Nun, täglich, wenn nicht stündlich oder öfter bist du gezwungen, Entscheidungen zu treffen. Manche dürften keine weltbewegenden Folgen haben, einige andere aber schon. Es ist nicht wichtig, ob du Blau oder Grün vorziehst; aber es macht eine Menge aus, ob du jenen überfälligen Anruf tätigst und um Vergebung bittest oder nicht.

»Ich hätte nicht gedacht, dass das so wichtig ist. Kann man Entscheidungen oft nicht einfach vermeiden?«

Viele Menschen sind in der Psychiatrie gelandet, weil sie sich geweigert haben, Entscheidungen zu treffen. Aber die Verweigerung an sich ist schon eine Entscheidung. Oft sogar eine tragische!

»Nun, ich schätze, dass manche Entscheidungen wirklich wichtig sind: auf welche Schule man gehen soll, welchen Beruf man ergreift ... aber ...«

Natürlich! Aber weißt du, jede Entscheidung – selbst die anscheinend unbedeutendste – ist letzten Endes eine Entscheidung für oder gegen Gott. Das ist es, was sie wirklich wichtig macht.

»Wow! Das hätte ich nie so gesehen. Aber wenn du recht hast, sollten wir besser lernen, Entscheidungen so zu treffen, wie es Gott gefällt.«

Genau. Und ich kenne eine wichtige Bibelstelle, die dir dabei helfen wird.

»Verrate sie mir!«

Es ist Hebräer 11,24-26:

> Durch Glauben weigerte sich Mose, als er groß geworden war, ein Sohn der Tochter des Pharao zu heißen. Er zog es vor, mit

> dem Volk Gottes Bedrängnis zu erleiden, anstatt den vergänglichen Genuss der Sünde zu haben, da er die Schmach des Christus für größeren Reichtum hielt als die Schätze, die in Ägypten waren; denn er sah die Belohnung an (zitiert nach SCH).

Lass uns diesen Abschnitt miteinander gründlich betrachten. Beachte zuerst: Mose betrachtete die Faktenlage, beurteilte sie und traf eine gewaltige Entscheidung! Du musst immer versuchen, so viele Informationen wie möglich zu sammeln. In diesem Fall hatte Mose sie schon und wusste deshalb, was er tat.

»Aber manchmal wissen wir das nicht; dann müssen wir innehalten und eine Bestandsaufnahme der Situation machen.«

Richtig. Das Problem ist, dass viele sich bei ihren Entscheidungen treiben lassen: sie lassen zu, dass die Umstände sie – wie ein Fluss – mit sich reißen. Beinahe immer sind solche Entscheidungen falsch. Mose entschied sich nicht nur, einen bestimmten Weg einzuschlagen, sondern damit verwarf er auch bewusst einen anderen. Entscheiden ist also zugleich auch ablehnen. Wenn du dich entscheidest, wendest du dich von dem ab, was du stattdessen bewusst nicht tun willst. Ich wollte früher einmal Karikaturist werden; aber als ich mich entschied, Pastor zu werden, musste ich das andere Berufsziel aufgeben.

»Das verstehe ich. Und ich nehme an, manche verdrehen die Tatsachen, ignorieren bei ihren Entscheidungen wichtigen Aspekte usw., um einfach fest entschlossen das zu wählen, was sie haben wollen – sei es richtig oder falsch. Stimmt's?«

Genau. Ein Anhänger der Sekte der »Christlichen Wissenschaft« betrügt sich selbst, wenn er meint, dass es so etwas wie Sünde, Krankheit oder Tod nicht gäbe. Aber solche offenkundigen Absurditäten finden sich bisweilen bei uns allen. Auch wir akzeptieren manchmal Selbstbetrug, um Entscheidungen zu vermeiden. Leute, die sich vor Entscheidungen drücken, verlassen Gemeinden oder ihren Ehepartner; sie tun alles, außer eine schwere Entscheidung zu fällen! Solche Verhaltensmuster können schon früh einsetzen: Z. B. wenn ein Kind, das nicht auf die Klassenarbeit vorbereitet ist, am Morgen zu Hause plötzlich Bauchschmerzen bekommt – die auf geheimnisvolle

Weise wieder verschwinden, sobald der Schulbus abgefahren ist. Die Bummler nehmen den Weg des geringsten Widerstands; sie sagen: »Lasst uns nach Ägypten zurückgehen, zu Fleisch und Knoblauch, statt uns durch dieses dürre Land zu schleppen, um in ein Land zu kommen, das angeblich vor Milch und Honig überfließt.«

»Lieber auf Nummer Sicher gehen, was?«

Du sagst es! Aber für Christen ist das unannehmbar. Wir müssen Gottes Weg wählen.

»Erklär mir das bitte.«

Sein Weg ist der Weg des Glaubens. Die meisten Entscheidungen trifft man um des Vergnügens, der Zufriedenheit, der Bequemlichkeit und anderer Vorteilen wegen. Unsere Kultur ist hedonistisch (lust-geleitet), und wenn wir nicht auf der Hut sind, ist nichts auf der Welt leichter, als geradewegs auf diesen weltlichen Kurs einzuschwenken. Erinnerst du dich an Lots Entscheidung?

»Sicher! Sieht so aus, als ob es bei seiner Entscheidung nicht anders war als in der Welt.«

Du hast hundertprozentig Recht! Er entschied sich für die immergrünen Weiden; warum sollte er das schroffe, karge Bergland nehmen? Er lag damit richtig, aber ...

»Aber ... dort lag Sodom! Und als er dort sein Zelt aufschlug, zog er in Richtung Sodom. Er dachte, er würde dadurch etwas gewinnen, aber er endete damit, dass er alles verlor: seinen Besitz, seine Schwiegersöhne, ja sogar seine Frau! Das war es wirklich nicht wert.«

Du kennst diese Geschichte gut. Denk mal über eine andere nach: Mose (so sagt der Hebräerbrief) erwägte die langfristigen Folgen. Viele sind wie Lot, der scheinbar ein Schnäppchen machte, aber am Ende gewaltig draufzahlen musste. Der Hebräerbrief weist darauf hin, dass Sünde oft angenehm ist (sonst wäre sie ja nicht attraktiv), aber auf lange Sicht ist sie das nicht. Nimm zum Beispiel Esau, der sein Erstgeburtsrecht für eine Schüssel roter Linsensuppe verkaufte! (Das Erstgeburtsrecht war damals sehr wichtig.) Er kalkulierte einfach nicht die langfristigen Kosten.

»Wie kommt beim Thema Entscheidungen nun der Glaube ins Spiel? Und wie hat er beeinflusst, wie sich diese biblischen Vorbilder entschieden?«

Man braucht Verstand – und oft Mut –, um harte, aber richtige Entscheidungen zu treffen. Es geht darum, täglich »Nein« zu dem zu sagen, was dir gefällt, und »Ja« zu dem, was dir nicht gefällt. Das meint Jesus damit, täglich das Kreuz auf sich zu nehmen: deine eigenen Wünsche zu beerdigen und stattdessen zu tun, was er will.

»Ich denke, ich hab's verstanden: Es bedeutet das Unsichtbare zu wählen, weil es lebendiger, realer ist, obwohl es noch nicht offenbar ist. Mose ›sah‹ den unsichtbaren Reichtum des Christus. Er sah voraus.«

Ja. Deshalb geht es, wenn man als Christ Entscheidungen fällt, immer darum, Christus zu wählen. Es heißt sich zu entscheiden, ihm zu gefallen, indem man seine eigenen Wünsche in den Tod gibt und sich fest zu entschließen, stattdessen das zu tun, was ihm gefällt.

»Wow. Entscheidungen treffen ist wichtig, nicht wahr?«

Da kannst du sicher sein!

Reine Geschmackssache?

Es gibt wahrscheinlich gute Gründe dafür; aber vielleicht auch nicht.

»Gute Gründe wofür?«

Das Grüne dem Blauen vorzuziehen – oder umgekehrt.

»Muss es für alles gute Gründe geben?«

Nein, natürlich nicht; eine solche Entscheidung ist natürlich etwas Unwichtiges. Sie ist eine Geschmacksfrage – vorausgesetzt, alle Alternativen sind gleichwertig. Es gibt keine biblischen Gründe dafür, eins dem andern vorzuziehen, es sei denn, man würde ansonsten riskieren (so weit ich das beurteilen kann), ein untreuer Verwalter über das Geld des HERRN zu werden.

»Ich dachte, bei jeder Entscheidung entscheidet man sich entweder für oder gegen Christus?«

Auf gewisse Weise ja, auf andere nein.

»Bitte erklär' mir das.«

Alle Entscheidungen sind in dem Sinne für oder gegen Christus, dass wir alles, was wir tun, im Gehorsam gegenüber ihm, zu seiner Ehre und um ihm zu dienen tun müssen. Deshalb ist es nicht egal, welche Grundsatzentscheidung hinter der Wahl von Blau oder Grün steht. Bei allem, was wir als Christen wählen, sollte unsere Wahl davon bestimmt sein, dass wir ihn dadurch verherrlichen wollen. Die Wahl einer Farbe kann also eine Hauptfrage werden, wenn andere Faktoren mit einbezogen sind, die beeinflussen, ob Christus dadurch geehrt wird oder nicht.

»Zum Beispiel?«

Nun, zum Beispiel ... Wenn die Wahl schon von vornherein feststand, weil wir zur Schau stellen wollten, dass wir etwas Besseres sind, dann dürfte Hochmut unsere Entscheidung mitbestimmt haben. Oder noch besser: Wenn die Wahl einer bestimmten Farbe bedeutet, dass wir gegen das rebellieren, was unser Arbeitgeber in einer bestimmten Situation verlangt oder erwartet, dann wäre diese Wahl ein Problem. Die Sache ist die, dass wir unter derartigen

Bedingungen ein Problem daraus machen, ohne dass dies nötig wäre.

»Daraus werde ich immer noch nicht ganz schlau.«

Okay. Ich versuch's nochmal. Nimm einmal an, das Blaue ist ein Mercedes und das Grüne ist ein Ford. Dann käme noch der Faktor des Kaufpreises hinzu, was (unter bestimmten Umständen) Römer 13,8 mit ins Spiel brächte: »Seid niemand irgendetwas schuldig, als nur einander zu lieben ...« Paulus spricht hier nicht von Farben, sondern von finanziellen Dingen (Verse 6-7).

»Heißt das, ich darf kein Haus oder Auto kaufen, solange ich es nicht bar bezahlen kann?«

Es wäre wünschenswert, wenn du das könntest; aber den meisten von uns ist das natürlich nicht möglich. Wir müssen ein Darlehen oder eine Hypothek aufnehmen. Diese Bibelstelle bedeutet für unsere Frage: Kannst du das Darlehen während der im Vertrag vereinbarten Laufzeit abbezahlen? Wenn du keinen guten Grund hast anzunehmen, dass du den Mercedes bezahlen kannst, solltest du besser den Ford wählen. Aber dann wäre es egal, ob der Wagen grün oder blau ist; in diesem Fall ist das für die Entscheidung belanglos. Eine Frage des Geschmacks kann somit durchaus zur Frage werden, ob man Römer 13,8 gehorsam ist.

»Jetzt hab ich's: Wenn ich das Blaue haben will, kann ich's nicht haben.«

Du hast es kapiert!

Du hast die freie Wahl!

Betrachte die Frage einmal noch tiefergehend. Dann wird dir klar werden, dass du bei Entscheidungen auch verschiedene Optionen hast. Es gibt eine gewisse gesetzliche Sicht, deren Vertreter die Prädestinationslehre falsch anwenden und jegliche menschliche Entscheidungsfreiheit leugnen. Diese Meinung kommt dem Fatalismus sehr nahe.

Ich spreche von dieser Lehre, die zum Beispiel behauptet: »Nun, du musst die *eine* richtige Frau (oder den *einen* richtigen Mann) finden, die einzig wahre, die Gott für dich geschaffen hat. Wenn du das nicht schaffst, wirst du den Rest deines Lebens unglücklich sein, weil du ›Gottes vollkommenen Plan für dein Leben‹ verfehlt hast. Bestenfalls kannst du dich mit einer Existenz zweiter Klasse zufrieden geben.«

Weißt du, die Bibel kennt so etwas wie »den vollkommenen Plan Gottes verfehlen« nicht!

Natürlich kommt immer zustande, was Gottes Wille verordnet hat; was er verordnet, das geschieht! Kein Mensch kann Gottes Plan vereiteln; und dieser kommt durch Menschen zustande, die für ihr Handeln verantwortlich sind. Sicher treffen viele Christen eine schlechte Wahl, was ihren Ehepartner betrifft, und manche sind deshalb durchaus unglücklich. Aber sie stecken nicht in einer zweitbesten oder schlechteren Situation fest, an der man nie mehr etwas verbessern könnte!

Kein wahrer Christ ist zu einer Existenz zweiter Klasse verdammt. Es gibt immer die Möglichkeit zu einem radikalen Wandel: durch Buße, Heiligung und den daraus resultierenden Segen – so kann man auch aus einer anscheinend schlechten Ehe noch das Beste machen. Wenn du das nicht glaubst, dass aus schlechten Entscheidungen durch Gottes Gnade etwas Gutes erwachsen kann, dann hätte ich niemals anfangen sollen, als Seelsorger zu arbeiten; vermutlich hätte ich auch aufgegeben zu versuchen, manches in meinem eigenen Leben zu verändern. Es gibt nicht den einzig wahren, vollkommenen Ehepartner, den du per Radar unermüdlich suchen musst; es gibt immer die Wahl zwischen den Optionen, sofern die betreffende Person wirklich gläubig ist.

Aber selbst wenn es geschehen sollte, dass ein Christ einen Ungläubigen heiratet (was uns laut 1. Korinther 7,39 nicht frei steht), kann Gott den Ungläubigen retten und verändern. Und selbst wenn Gott das nicht tut, kann ein Christ, der darüber Buße tut, bereit ist, die Konsequenzen zu tragen und nach dem Wort Gottes wandelt, dennoch ein glückliches Leben führen.

Richtet nicht!

Die meisten Christen, die die Bibel kennen, wissen: Beim Verbot des Richtens in Matthäus 7,1 geht es nicht um das Richten an und für sich, sondern um falsches Richten.

»Das wusste ich nicht!«

Es ist tatsächlich so. In Johannes 7,24 befiehlt Jesus uns: »Richtet nicht nach dem Augenschein, sondern fällt ein gerechtes Urteil!« Und hier in Matthäus 7,1-5 erklärt er, dass er von solchen Leuten spricht, die nicht zuerst den Balken aus dem eigenen Auge ziehen, bevor sie einen Splitter aus dem Auge ihres Nächsten ziehen wollen. Diese Erklärung setzt voraus, dass man unfähig ist, recht zu richten, solange man sich nicht um die eigene Sünde gekümmert hat.

»Diesen Zusammenhang hatte ich wohl noch nicht richtig erkannt.«

Scheint so. Aber es gibt noch ein paar andere Dinge in diesem Abschnitt, die man auch beachten muss.

»Zum Beispiel?«

Etwa das, was in Vers 6 steht.

»Was hat dieser Vers mit dem Thema zu tun?«

Alles!

»Bitte erklär mir das.«

Gerne. Das hat Jesus gesagt:

> Gebt nicht das Heilige den Hunden; werft auch nicht eure Perlen vor die Schweine, damit sie diese nicht etwa mit ihren Füßen zertreten und sich umwenden und euch zerreißen! (Mt 7,6)

Offensichtlich hat das auch mit dem Richten zu tun.

»Tatsächlich? Das verstehe ich nicht.«

Nun, zunächst einmal: Wenn du diesem Gebot gehorchen willst, musst du erst klären, wer die Hunde und die Schweine sind!

»Das heißt?«

Das heißt zu richten.

»Ah! Jetzt hab ich's!«

Es ist nicht unsere Sache, die Taten und Worte Ungläubiger zu richten; wir haben genug damit zu tun, Christen recht zu richten. Ach übrigens, Paulus stellt zu diesem Thema die Frage:

> Denn was habe ich zu richten, die draußen sind [d.h. die Ungläubigen]? Richtet ihr nicht, die drinnen sind [d.h. die Christen]? Die aber draußen sind, richtet Gott. Tut den Bösen von euch selbst hinaus! (1Kor 5,12-13)

»Wow! Das ist ziemlich eindeutig, oder?«

Völlig eindeutig. Aber das ist noch nicht alles. Jesus sagt: Wenn du beim Versuch, Ungläubige zu beurteilen (das sind die »Hunde« und »Schweine«), ihnen wertvollen biblischen Rat gibst, werden sie nicht imstande sein, diesen wertzuschätzen und ihn mit ihren Füßen zertreten oder dich angreifen, weil es nicht das ist, was sie hören wollen.

»Oh! Ich verstehe: Es kann gefährlich sein, sich mit solchen Leuten abzugeben.«

Auch in den Sprüchen Salomos steht ein kerniges Wort dazu:

> Wer einen Spötter zurechtweist, zieht sich Beschimpfung zu, und wer einen Gottlosen tadelt, hat Schande davon. (Spr 9,7 MEN)

»Ich hätte nie gedacht, dass es so etwas gibt. Du meinst, so jemand könnte mich k.o. schlagen?«

Ja, sei es bildlich oder auch buchstäblich.

»Autsch!«

Ja. Viele Menschen, die keine biblische Weltanschauung vertreten, werden wütend, wenn man sie zurechtweist. Es besteht kein Bedarf, sie wütend zu machen! Es ist vielmehr an der Zeit, unser Augenmerk darauf zu richten, was in der Gemeinde bereinigt werden muss, ehe wir uns den Gottlosen zuwenden, die biblische Lehre nicht wertschätzen können. Wenn wir aber zu ihnen sprechen, dann zuerst mit dem Thema, dass sie Rettung brauchen. Sag ihnen das Evangelium!

»Jetzt verstehe ich!«

Wenn du in Rom bist …

Monica, die Mutter des Augustinus, fragte einmal Ambrosius, den Bischof von Mailand: »Der Samstag ist Fastentag in Rom, nicht aber in Mailand. Welchem Brauch sollte man folgen?« Ambrosius antwortete: »Wenn ich in Mailand bin, halte ich es so, wie es in Mailand Brauch ist; aber wenn ich nach Rom reise, halte ich es so, wie es in Rom Brauch ist« (Epistel 36). Hiervon leitet sich das Sprichwort ab: »Wenn du in Rom bist, halte es wie die Römer.« Es ist nicht allzu schwer, dem Rat des Ambrosius zu folgen, nicht wahr?

»Hat Paulus nicht dasselbe getan? Er schreibt: ›Ich bin allen alles geworden, damit ich auf alle Weise einige rette.‹«

Ah! Du kennst seine Worte aus 1. Korinther 9,22! Aber sie werden oft falsch verstanden – wie anscheinend auch von dir – und deshalb falsch angewendet.

»Wie das? Sie sind doch klar genug!«

Ja, auf den ersten Blick scheinst du Recht zu haben. Aber Paulus hat auch einiges anderes gesagt …

»Was etwa?«

Zum Beispiel: »Darum ›geht aus von ihnen und sondert euch ab‹, spricht der Herr; und ›rührt nichts Unreines an, so will ich euch annehmen und euer Vater sein und ihr sollt meine Söhne und Töchter sein‹, spricht der allmächtige Herr« (2Kor 6,17 LUT).

»Oh! Das hat er wohl auch gesagt … Hat Paulus sich selbst widersprochen?«

Natürlich nicht.

»Wie verhalten sich dann deiner Meinung nach diese beiden Verse zueinander?«

Der Unterschied ist dieser: Wenn Paulus sagt, dass er sich Juden oder Heiden anpasst, meint er damit: Er war bereit sich ihnen anzupassen, egal welche Unannehmlichkeiten ihm das bereiten würde. Er hat sich sogar »allen zum Sklaven gemacht«, um »so viele wie möglich« zu gewinnen (1Kor 9,19)! Allerdings hätte er nie seine Botschaft oder sein persönliches Verhalten angepasst, wenn dies im

Widerspruch zu dem gestanden hätte, was er predigte. Er würde jeden Nachteil erdulden, den eine angemessene Anpassung mit sich brächte; aber er würde nichts tun, was die Botschaft verändert hätte. Er konnte es mit Fassung tragen, aber die Botschaft darf dabei niemals beeinträchtigt werden! In 2. Korinther 6 drängt er Christen, sich vom Götzendienst in heidnischen Tempeln vollständig fernzuhalten, ebenso auch von Verbindungen mit Ungläubigen, die sie ins Heidentum hineinziehen würden, welcher Art auch immer.

»Ich kann mich also an alle möglichen Situationen anpassen, die mir persönliche Nachteile bringen können, um Ungläubigen das Evangelium zu bezeugen, so lange das nicht bedeutet, an Dingen teilzunehmen, die Gott ein Greuel sind?«

Gut auf den Punkt gebracht! Wenn du zum Beispiel einen Katholiken für Christus gewinnen willst, magst du dafür beim gemeinsamen Essen am Freitag auf Fleisch verzichten, aber du kannst nicht mit ihm in die Messe gehen. Weil Jesus ein für alle Mal am Kreuz geopfert wurde, darf man ihn nicht immer wieder neu in der Messe zu opfern (was Katholiken ein »unblutiges Opfer« nennen). Es wäre ein Hohn, damit das Geringste zu tun zu haben. Das Werk Christi am Kreuz genügt ein für alle Mal!

»Also: Ich kann mir trotz vollem Terminkalender die Zeit nehmen, auf eigene Kosten reisen und tun, was mir persönliche Nachteile bringt, um meinen katholischen Verwandten für Christus zu gewinnen, aber ich kann nicht mit ihm an etwas teilnehmen, das der biblischen Lehre über das Evangelium widerspricht.«

Gut! Ich hätte das selbst nicht besser sagen können!

»Wenn ich an der Messe teilnähme, würde ich ihn nicht nur irritieren, sondern auch Unrecht tun. Er würde denken, dass der Unterschied zwischen seinem und meinem Glauben gar nicht so bedeutend wäre.«

Wieder goldrichtig. Aber wenn du ihm sagst, dass du nicht an der Messe teilnehmen kannst, musst du das auf eine Weise tun, die nicht streitlustig ist oder so klingt, als ob du ihn erniedrigen willst oder meinst, ihm überlegen zu sein. Leg den Schwerpunkt auf den Herrn, nicht auf dich oder auf deinen katholischen Verwandten.

»Ich denke, ich hab's kapiert. Danke!«

Vernünftige Gründe

Nochmal zu einem geläufigen Missverständnis bei Paulus. Es gibt vernünftige Gründe für eine seiner Aussagen, die manche schwer zu verstehen finden.

»Welche Aussage?«

Ich meine Galater 6,15:

> Denn weder Beschneidung noch Unbeschnittensein gilt etwas, sondern eine neue Schöpfung.

»Aha. Welche Gründe sind das?«

Zum einen will er die Leute davor warnen, dem reinen und einfachen Evangelium überflüssige Riten und Zeremonien als heilsnotwendig hinzuzufügen.

»Das ist wirklich eine ernste Sache. Welche Gründe gibt es noch?«

Ich will noch zwei nennen: Manche Judaisten wollten anscheinend ihrer wachsenden Liste von Rekonvertiten (zum Judentum »zurück-bekehrte« Christen) immer mehr neue Namen hinzufügen. Andere meinten, sie könnten so der Verfolgung durch die Juden entgehen. Nimm dir mal die Zeit, Galater 6,12-13 zu lesen, und du wirst verstehen, was ich meine:

> So viele im Fleisch gut angesehen sein wollen, die nötigen euch, beschnitten zu werden, nur damit sie nicht um des Kreuzes Christi willen verfolgt werden. Denn auch sie, die beschnitten sind, befolgen selbst das Gesetz nicht, sondern sie wollen, dass ihr beschnitten werdet, damit sie sich eures Fleisches rühmen können.

»Gab es in dieser Frage eine ernsthafte Kontroverse?«

Das kannst du laut sagen. Das erste Allgemeine Konzil der Kirchengeschichte fand aus diesem Grund statt. Du kannst alles darüber in Apostelgeschichte 15 lesen.

»Was beschloss man dort?«

Dass die Vorschriften des mosaischen Gesetzes nicht den Heiden aufgebürdet werden sollten, da sie nicht mehr gelten. Die Apostel erkannten sogar an, dass das Gesetz ein »Joch« war, das sie selbst nicht zu tragen geschafft hatten (Apg 15,10). Und es war klar, dass sogar Petrus – der doch zuvor verfochten hatte, man solle das Gesetz halten – die alten Sitten und Riten abgelegt hatte und wie ein Heide lebte (Gal 2,14).

»Wow! Petrus höchstpersönlich, der erste Papst!«

Nun, belassen wir's bei Petrus. Eine Diskussion, ob er der erste Papst war, will ich jetzt nicht anfangen. Nur so viel: Der Bibel zufolge war der angebliche erste Papst verheiratet (1Kor 9,5)!

»Und als das Konzil beschlossen hatte, dass Paulus und Barnabas Recht haben, hat das die Sache ein für alle Mal geklärt – richtig?«

Das hätte es, aber so war es nicht. Wohin Paulus und Barnabas auch gingen und Gemeinden gründeten, folgten ihnen die Judaisten auf den Fuß, um ihre Lehren dem Evangelium hinzuzufügen. Paulus hatte bis an sein Lebensende damit zu kämpfen und schreibt darüber oft in seinen Briefen. Die Apostelgeschichte berichtet auch, dass die Judaisten häufig zur Christenverfolgung anstifteten.

»Wow! Gibt es denn auch heute noch Judaisten?«

Das kannst du glauben! Und das, obwohl die Beschneidung heutzutage kein Thema mehr ist und die Judaisten sich heute nicht mehr so genannt werden.

»Was ist heute das Thema?«

Eine ganze Reihe von Dingen. Da gibt es etwa solche, die der Botschaft von Kreuz und Auferstehung (der Guten Botschaft oder dem Evangelium) ständig irgendetwas als heilsnotwendig hinzufügen. Manche fügen ihr die Taufe hinzu, andere die Kirchenmitgliedschaft oder was auch immer.

»Wissen sie, dass sie dem Evangelium etwas hinzufügen?«

Nun, nicht ganz. Gewöhnlich versuchen sie, solche Werke und Riten als Teil des Evangeliums zu verstehen.

»Aha. Das ist gefährlich!«

Das heißt, sie lehren »ein anderes Evangelium«, das Paulus als »kein anderes Evangelium« abweist (Gal 1,6-7). Unsere Übersetzungen machen den Unterschied zwischen den beiden unterschiedlichen griechischen Begriffen für *anders* leider nicht deutlich. Das Griechische lautet: »ein anders*artiges Evangelium*, das nicht ein *weiteres* (gültiges) Evangelium ist.«[26]

Und diese Sache ist so ernst, dass Paulus jeden verflucht, der so etwas verkündigt – selbst wenn es ein Engel wäre (und wenn du ein Mormone bist: selbst wenn sein Name Moroni wäre, der Engel, der angeblich das Buch Mormon geoffenbart hat).

»Das ist also eine sehr ernste Sache?«

Das greift die Grundlagen des Glaubens an. Das Evangelium ist eine Botschaft, der geglaubt werden soll, und keine Zeremonien oder Werke, die man tun soll. Eine Botschaft handelt von etwas, das bereits getan wurde, nicht von etwas, was noch zu tun ist. Tod und Auferstehung Jesu geschahen ein für alle Mal und sind vollkommen genügend; dem kann und darf nichts mehr hinzugefügt werden. Wer sagt, dass man gewisse Zeremonien abhalten muss, sagt damit, dass wir durch Werke gerettet werden. Das ist Häresie. Kein Wunder, dass Paulus diejenigen verfluchte, die so etwas lehren.

»Eine solche Lehre ist also gar nicht christlich?«

Der Bibel zufolge nicht. Die Leute werden verführt, einer Lüge zu glauben, indem man ihnen weismacht, sie brauchten noch mehr – ein »volles Evangelium«, wie manche es nennen würden. Aber das volle Evangelium lautet: Christus starb für unsere Sünden und stand von den Toten auf – Punkt!

»Wie traurig, dass Menschen diese einfache, aber wunderbare Botschaft verfälschen!«

Sehr traurig! Und äußerst gefährlich für die, die daran glauben. Sie werden ewig verloren gehen, wenn sie bis ans Ende in diesem Irrtum verharren.

»Aber Christus kann sie retten.«

Natürlich; er wird jeden retten, der an das wahre Evangelium glaubt.

---

[26] Galater 1,6-7: »… abwendet zu einem anderen (griech. *heteros*, d. h. andersartigen) Evangelium, wo es doch kein anderes (griech. *allos*, d. h. weiteres) gibt …«

Gesetzlichkeit

Die judaistischen Christen, die Paulus und den von ihm gegründeten Gemeinden so viele Schwierigkeiten machten, waren Gesetzeseiferer. Natürlich gibt es auch heute Gesetzeseiferer, die der Gemeinde zu schaffen machen. Das Konzil von Jerusalem fasste einen Beschluss, der dem judaistischen Legalismus ein für alle Mal ein Ende setzte. Man schrieb einen Brief, der mit diesen Worten endete:

> Es hat nämlich dem Heiligen Geist und uns gefallen, euch keine weitere Last aufzuerlegen, außer diesen notwendigen Dingen ... (Apg 15,28 SCH)

Daraufhin werden die »notwendigen Dinge« genannt, derer man sich enthalten soll: Götzenopfer, Blut, das Fleisch erstickter Tiere und Unzucht. All diese Dinge standen in Zusammenhang mit heidnischem Götzendienst.

Hast du's verstanden? »Keine weitere Last!« Keiner der heutigen Gesetzeseiferer, die ich kenne, stellen solche Zusatzregeln bezüglich heidnischen, götzendienerischen Praktiken auf. Aber so sicher wie das Amen in der Kirche ist, sind sie den lieben langen Tag mit nichts anderem beschäftigt, als den Menschen andere Lasten aufzuerlegen. Es ist schon interessant: Wenn du einen Gesetzeseiferer fragst, warum wir uns seiner Meinung nach von diesem oder jenem enthalten sollen oder warum wir dies und das tun sollen, dann achte mal darauf, was für eine Antwort er gibt. Gewöhnlich lautet sie in etwa so: »Du hast es nicht verstanden; diese Dinge sind wirklich wichtig! Solche Regeln sind für einen christlichen Lebenswandel notwendig.«

Halt! Lies Apostelgeschichte 15,28 noch einmal! Dort werden die Dinge aufgezählt, die »notwendig« sind – und nur sie sind notwendig. Ich habe sie oben genannt; und wäre ich jemand, der gerne um Geld wettet (was nicht der Fall ist), dann wäre es (Unzucht vielleicht ausgenommen) ein todsicherer Tipp, dass diese »wirklich wichtigen« Dinge nicht zu denen gehören, auf die heutige Gesetzeseiferer so großen Nachdruck legen.

Jeder Gesetzeseiferer – d.i. jemand, der Regeln aufstellen will, die nicht in der Schrift zu finden sind – hat seine persönliche Liste »notwendiger« Dinge, die von der kurzen Liste abweicht, die das Konzil aufzählt. So ein Legalist sollte seine Position darum gründlich überdenken, bevor er solche Regeln anderen auferlegt. Es ist wichtig, immer zu bedenken: Wir müssen klar zwischen Gottes Geboten und unserer Meinung unterscheiden. Was du sagst, mag vielleicht angebracht oder bedenkenswert sein; aber weil es nicht Gottes Wort ist, hat es nicht Gottes Autorität. Was du erkennen musst, ist dies: Wann immer du dem Wort Gottes etwas hinzufügst, verfälschst du es. Es ist absolut wichtig, so etwas zu vermeiden – meinst du nicht auch?

Mythen über Gottes Führung

Kürzlich besuchte ich die Sonntagsschulklasse[27] einer Gemeinde bibelgläubiger Christen. Beim Bibelstudium an jenem Morgen ging es um Josua 9, die Geschichte der Gibeoniter, die zu den Hewitern gehörten. Weil sie sich vor den Israeliten fürchteten, schickten sie Abgesandte, die Israel um einen Bundesschluss mit ihnen baten. Diese Abgesandten gaben sich als Reisende aus einem fernen Land außerhalb des Gebietes aus, das Israel erobern sollte. Sie trugen alte Sandalen und abgetragene Kleider, nahmen alte Säcke und Weinschläuche mit sowie Brot, das vertrocknet und zerbröselt war. Sie sprachen von den Siegen Israels, die vor langer Zeit stattgefunden hatten, aber nicht von den jüngst geschehenen. Der Sonntagsschullehrer machte seine Sache gut, was die Darstellung der Ereignisse betrifft. Dann fuhr er fort, die Geschichte auf uns anzuwenden. Er zeigte richtig auf, dass Gott seinem Volk verboten hatte, Bündnisse mit den Völkern Kanaans zu schließen (5Mo 7,1-5).[28] Auch zeigte er richtig auf, dass die Fürsten des Volkes sich irreführen ließen, weil sie nicht den HERRN befragt hatten (Jos 9,14b), und zu Recht warnte er uns vor den Verführungskünsten Satans, der Gottes Volk dazu verleitet, Gottes klare Gebote zu übertreten.

Dann fragte er: »Wie kann ein Christ wissen, dass er eine Entscheidung trifft, die im Einklang mit Gottes Willen ist?« Es ging

---

[27] Die in amerikanischen Gemeinden übliche Sonntagsschule findet sonntagsmorgens vor dem eigentlichen Gottesdienst statt und ist kein »Parallel-Gottesdienst« für Kinder, sondern dient zur fortlaufenden biblischen Unterweisung auch von Erwachsenen; Anm. d. Übers.

[28] »Wenn der HERR, dein Gott, dich in das Land bringt, in das du jetzt hineinkommst, um es in Besitz zu nehmen, und wenn er dann viele Nationen vor dir hinaustreibt: die Hetiter und die Girgasiter und die Amoriter und die Kanaaniter und die Perisiter und die Hewiter und die Jebusiter, sieben Nationen, größer und stärker als du, und wenn der HERR, dein Gott, sie vor dir dahingibt, und du sie schlägst, dann sollst du unbedingt an ihnen den Bann vollstrecken. Du sollst keinen Bund mit ihnen schließen noch ihnen gnädig sein« (5Mo 7,1-2). Vgl. auch 2Mo 24,12ff.

darum, wie Gott uns führt. Diese Frage war angemessen, und Josua 9 hat etwas Wichtiges über dieses bedeutende Thema zu sagen. Die Antwort des Sonntagsschullehrers lautete ungefähr so: »Ich habe gläubige Freunde gefragt, einige christliche Bücher gelesen und bin zu folgendem Ergebnis gekommen: Es gibt sechs Weisen, auf die man Gottes Willen erfahren kann, um zu einer Entscheidung zu kommen.« Dann schrieb er folgende sechs Richtlinien auf die Tafel:

1. Bibel
2. Gebet
3. Rat anderer Christen
4. Umstände
5. Vernunft
6. Friede

Es ist an der Zeit, dass Christen aufhören, solcherlei Rat zu folgen!

Die Punkte 1 und 2 muss man, wenn man sie recht versteht, stehen lassen. Bei seiner Erklärung von Punkt 2 teilte er uns allerdings nicht richtig mit, welchen Platz das Gebet dabei einnimmt, wenn wir Gottes Führung suchen. Seine Ansicht (die leider weit verbreitet ist) lautete: Wenn du betest, dann musst du still sein und auf irgendeine Antwort Gottes lauschen. Wenn das stimmen würde, warum sollten dann die Israeliten die Urim und Thummim befragen (vgl. 4Mo 27,21)? Außerdem: Wenn Gott uns in der Stille Antworten zuflüstert, wozu sind dann noch die fünf anderen Punkte gut? Solche Antworten Gottes wären sogar besser als die Bibel selbst, denn wir hätten sie in unserer Muttersprache (und wir hätten keine Probleme mit der Übersetzung aus dem Griechischen oder Hebräischen); außerdem würden sie unsere jeweilige Situation direkt betreffen. Nein; jede derartige Vorstellung muss ausgemerzt werden! Dazu gehört auch das Heraufbeschwören tiefer Eindrücke oder Gefühle, die man angeblich empfangen soll, wenn man unter Gebet auf Gottes Antwort wartet. Solche Vorstellungen machen nämlich die Lehre der Bibel entweder überflüssig oder unbedeutend. Man hätte insbesondere das Problem, die Eindrücke, die tatsächlich von Gott kämen, von denen zu unterscheiden, die wir uns aufgrund unserer eigenen Wünsche einbilden.

Wenn du den Herrn bittest, seinen Willen zu erkennen, soll dein Gebet lauten, dass du die Bibel recht verstehst und anwendest. Du sollst um die Fähigkeit und Kraft bitten, alles zu tun, was du als Gottes Willen für dich beim Bibelstudium erkennst. Wir haben heute nicht mehr die Urim und Thummim (Lose im Gewandbausch), aber wir haben ein irrtumsloses und unfehlbares Buch, das uns durch Gebote und Vorbilder alles lehrt, was wir brauchen, um ein Gott wohlgefälliges Leben zu führen. Alles, was nötig ist, um Gott und unseren Nächsten zu lieben, findet sich in der einen oder anderen Form in der Bibel. Heute bitten wir Gott um Rat, indem wir uns seinem schriftlichen Wort zuwenden.

Was ist mit den restlichen vier Punkten?

Ist es nützlich, den Rat Dritter zu suchen oder auf die Umstände zu achten, wenn man eine Entscheidung fällen möchte? Schau dir an, was mit dem Volk Gottes geschah, als sie genau das taten! Josua hörte auf Ratgeber, welche die Behauptungen der Gibeoniter geprüft hatten, und er sündigte gerade deshalb (Jos 9,14). Er wurde gerade dadurch verführt, dass er auf die Umstände achtete: alte Weinschläuche und zerbröseltes Brot. Sicher ließ auch ihr Verstand sie in dieser Situation scheitern. Und ihr »Friede« oder die Gewissheit, dass sie richtig handelten, war vollkommen falsch. Wäre der Sonntagsschullehrer bei der Bibelstelle geblieben, statt seine Freunde um Rat zu fragen, dann hätte er sicher erkannt, dass dieser Text der Vorstellung völlig entgegensteht, dass Gottes Führung durch diese Vorgehensweisen zu finden sei.

Denken wir nur an die verbreitete Vorstellung von »offenen Türen« (bei vielen Christen ein anderer Ausdruck für die Umstände). Stell dir vor, ich beantrage ein Visum nach Indien, und dieses wird mir verweigert. Das ist eine »geschlossene Tür«. Was aber sagt mir dies? Ich kann es ganz unterschiedlich deuten. Ich könnte sagen: »Okay, das heißt: Gott will nicht, dass ich nach Indien gehe; ich werde irgendwo anders hingehen.« Oder ich könnte sagen: »Gott prüft mich, ob ich es ernst meine; ich werde nach Indien gehen, und wenn ich dorthin schwimmen müsste!« Welche Führung genau gibt uns nun eine offene oder geschlossene Tür? Überhaupt keine! Zuerst einmal ist zu deuten, ob die Tür offen oder geschlossen ist, und in dem Umstand an sich liegt nichts, was dir sagen könnte, wie er zu deuten ist. Folglich bieten Umstände keine Führung; sie erfordern Sorgfalt und Verstand und sind Faktoren beim Entscheidungsprozess, weil die Bibel sich auf Umstände bezieht, aber sie sind keine Quelle für Entscheidungen. Man sollte nicht einfach durch jede offene Tür hindurchgehen – manche führen in einen leeren Aufzugschacht!

Und der Rat anderer Christen?
Was den Rat Dritter betrifft, so kann dieser von Nutzen sein, ebenso wie Kommentare und andere Bibelauslegungen uns darin unterstützen können, eine schriftgemäße Entscheidung zu fällen; aber dieser Rat muss geprüft werden. Die Meinung anderer ist nicht unbedingt wertvoller als die der Ratgeber Josuas, die von den Hewitern hinters Licht geführt wurden, und kann ebenso irreführend sein. Es geht nicht darum, ob du ihrer Meinung nach tun sollst, was du tun willst; wenn sie dir aber etwas Gutes tun können, dann dass sie dir helfen zu entdecken und anzuwenden, was die Bibel hierzu sagt. Dritte können von Nutzen sein, wenn sie dir helfen, die Situation biblisch richtig einzuschätzen, über die du eine Entscheidung fällen musst. Doch wenn du mit ihnen diese Frage erör terst und selbst darüber nachdenkst, dann gehe sicher, dass ihr das Problem und die Situation auf biblische Weise darlegt und versteht.

Und der Verstand?
Den Verstand musst du nutzen, wenn du von der Bibel ausgehend das Problem angehst und die Lehre der Bibel auf deine Entscheidung anwendest. Aber du musst beachten, dass die Sünde auch den menschlichen Verstand beeinträchtigt, und musst Gott bitten, dass er dich befähigt, die Bibel richtig auszulegen, anzuwenden und genau das in die Tat umzusetzen, was er in der Bibel lehrt. Auch musst du deine Schlüsse stets anhand der übrigen biblischen Prinzipien prüfen, die etwas mit der betreffenden Frage zu tun haben.

Hilfreich ist es, wenn alle Kommentatoren in diesem Punkt übereinstimmen; auch das sollte von einigem Wert sein.

Was ist mit dem inneren Frieden?

Was den »Frieden« betrifft, möchte ich etwas zu einem Bibelvers klarstellen, der diesbezüglich allzu oft missverstanden und missbraucht wird. Dieser Vers, auf den sich auch der Sonntagsschullehrer bezog, ist Kolosser 3,15: »Und der Friede des Christus regiere in euren Herzen, zu dem ihr auch berufen worden seid in einem Leib! Und seid dankbar!« Viele meinen, weil der innere Frieden das letzte Wort haben oder quasi als Schiedsrichter[29] in unserem Herzen walten solle, würde Paulus lehren: Wenn wir erst einmal Frieden über eine Entscheidung haben, können wir wissen, dass sie richtig ist. Vorsicht – nichts könnte verkehrter sein als das! Kolosser 3,15 hat nichts mit Führung oder Entscheidungsfindung zu tun. Es geht hier im Zusammenhang um Liebe und dass Christen als Glieder des Leibes Christi miteinander auskommen (siehe Verse 12-14!). Paulus schreibt: Wenn alles gesagt und getan ist, muss der letzte Schluss lauten: der Grundsatz, dass Frieden zwischen den Gliedern des Leibes herrschen soll, muss eure Worte und Taten prägen. Es geht an dieser Stelle nicht im Geringsten um individuellen Frieden. Dein Herz (der Ort, an dem du über solche Fragen nachdenkst, und die Quelle deiner Worte und Taten) soll von Gedanken darüber geprägt sein, was zum Frieden unter den Gliedern des Leibes führt und was diesen Frieden erhält. Darum geht es Paulus.

Gottes Führung ergibt sich aus der Bibel, wenn man sie unter Gebet liest. Umstände, die eine Entscheidung beeinflussen, müssen anhand des biblischen Rahmens (biblische Ethik usw.) abgewägt werden, und die Schlüsse aus solchen Abwägungen müssen biblisch fundiert sein. Den Rat Dritter solltest du suchen, aber nicht um bloß ihre Meinung zu erfahren oder die Entscheidung ihnen zu überlassen, sondern damit sie dir helfen, die Bibel richtig anzu-

[29] »Als Schiedsrichter entscheiden« ist eine manchmal zitierte Alternativ-Übersetzung zu »regiere«, die aber vom Kontext in Kolosser 3 nicht gerechtfertigt ist; Anm. des Übers.

wenden, um eine Entscheidung zu finden, die Gott ehrt. Deinem Verstand darfst du nicht trauen, sondern musst ihn immer und in jedem Punkt der Bibel unterstellen. Frieden hat für diese Sache nicht die geringste Bedeutung. Fragen zu anderen Aspekten der Führung, besonders was die Anwendung allgemeiner Grundsätze auf besondere Fälle betrifft, können wir hier nicht erörtern. Die Bibel ist die Quelle der Offenbarung Gottes, und sie allein führt uns zuverlässig, wie wir Gott gefallen. Nirgendwo sonst können wir sein unfehlbares Wort finden; warum sollten wir dann nach anderen Quellen suchen?

Zwei Sichtweisen

Das kann man so oder so sehen.

»Was denn?«

Alles, einfach alles.

»Was meinst du damit?«

Es ist schlicht eine Tatsache.

»Wirklich?«

Wirklich.

»Kannst du mir das bitte erklären?«

Ich dachte schon, dass du gar nicht mehr fragst. Es gibt Gottes Sichtweise und die des Menschen. Jede Lebensfrage kann man entweder aus der einen oder aus der anderen Perspektive sehen. Tatsächlich betrachten wir die Dinge immer auf die eine oder andere Weise. Das Problem dabei ist, dass wir – selbst als Christen – die Dinge allzu oft aus der menschlichen Perspektive sehen statt aus Gottes Sicht.

»Sind beide Perspektiven jemals miteinander vereinbar?«

Nur, wenn der Mensch sich Gottes Sicht darüber aneignet, was das Leben ist und wie man es führen muss. In Jesaja 55,8 sagt Gott:

> Meine Gedanken sind nicht eure Gedanken, und eure Wege sind nicht meine Wege, spricht der HERR.

Das bringt das Problem ziemlich gut auf den Punkt. Wir können nicht von Gott erwarten, dass er unsere Wege und unser Denken übernimmt; die einzige Möglichkeit, wie wir mit Gott eine Übereinkunft erzielen können, ist die, wenn wir uns da ändern, wo es nötig ist, damit wir seinen Gedanken und Wegen entsprechen.

»Das ist ziemlich einfach, oder?«

Ja. Theoretisch zumindest. Aber der Mensch kann sich nicht selbst ändern. Die Vorstellung, dass er dies könne, ist in der Tat ein Beispiel für menschliche Gedanken, die mit Gottes Gedanken unvereinbar sind.

»Wie kann er sich dann ändern, um Gottes Gedanken und Wegen zu entsprechen?«

Es gibt nur eine Möglichkeit: Er muss seine eigenen Gedanken verwerfen und Gottes Gedanken akzeptieren. Und das beginnt, wo er sich als Sünder erkennt, der ewiger Verdammnis schuldig ist und sich nie ändern wird, wenn er nicht gerettet wird. Ein Mensch verändert sich dann, wenn er glaubt, dass Jesus sein Blut am Kreuz für schuldige Sünder vergossen hat und dass er einer dieser Sünder ist, für den Jesus gestorben und von den Toten auferstanden ist, um ihn vor der Strafe für seine Sünde zu retten.

»Das ist alles?«

Das ist der Anfang. Was wir zuallererst und unbedingt erkennen müssen, ist, dass nicht wir Recht haben, sondern Gott. Das geschieht, wenn Gott jemand erleuchtet, sodass er die Wahrheit über seine Sünde erkennt und einsieht, dass er einen Retter braucht. Wenn er dann durch den Glauben gerechtfertigt wurde (d. h. dass Gott ihn aufgrund dessen, was Christus getan hat, als gerecht ansieht), ist er fähig, sein Denken und Wandeln immer weiter zu entwickeln, indem er lernt, was Gott in seinem Wort sagt, und diesem Wort gehorcht. Wenn er das tut, beginnt er immer mehr so zu denken wie Gott und nach seinem Willen zu wandeln. Weißt du, Gott gibt den Geretteten seinen Heiligen Geist, damit sie die Bibel verstehen können und dadurch lernen so zu denken und zu leben, wie sie sollen.

»Klingt ganz so, als ob das meine Frage beantwortet.«

Ja. Und auch die Fragen vieler anderer, die nicht wissen, wie sie ein Leben führen können, dass ihnen nach dem Tod Freude und Glück in Ewigkeit bringt.

»Warum nur denken die Menschen dann anders?«

Weil sie lieber so denken wie Menschen statt wie Gott.

»Klingt logisch.«

Ist es auch – wenn deine Gedanken wie Gottes Gedanken sind!

Was soll ich nur tun?

»Was tust du, wenn du nicht weißt, was du tun sollst?«

Meinst du das ernst oder stellst du mir ein Rätsel?

»Nein, mir ist es todernst. Ich muss eine Entscheidung treffen, ob ich etwas tun soll oder nicht. Ich würde es gerne tun, aber ich weiß nicht, ob es dem Herrn wohlgefällig ist.«

Aha. Ich verstehe.

»Und das quält mich schon seit Tagen. Ich kann dir auch nicht sagen, was es ist. Ich muss darüber Stillschweigen bewahren, bis die Entscheidung gefallen ist. Meinst du, du kannst mir ohne nähere Informationen helfen?«

Womöglich. Lass uns die Frage abstrakt betrachten – allein anhand des Prinzips, mit dem wir hier zu tun haben.

»Du meinst ungefähr so, ob ich mich in meinem Geist dazu gedrängt fühle oder nicht? Oder ob ich Frieden über diese Sache empfinde? Ich habe schon über beides nachgedacht. Aber das Problem ist, dass ich nichts außer Ungewissheit darüber spüre.«

Das ist gut!

»Gut? Was meinst du denn damit? Findest du es gut, dass ich unsicher bin?«

Aber sicher; ich bin froh, dass du nichts gespürt hast, was du als Gottes Führung hättest deuten können! So etwas steht nirgends in der Bibel; vielmehr hat es schon viele in ernste Schwierigkeiten gebracht. Wenn du versuchst, dich nach deinen Gefühlen zu richten, dann ist das, als ob du versuchst, beim Surfen die perfekte Welle zu erwischen: keine gleicht jemals der anderen. Die Gefühle ändern sich wie das Wetter: einen Tag Regen, den anderen Sonnenschein. Oder sie richten sich danach, was du zu Mittag gegessen hast. Selbst abgesehen davon, dass die Bibel so etwas nicht lehrt, erweist es sich schon an sich als Torheit, wenn du nur richtig darüber nachdenkst.

»Ich gebe zu, ich habe kein gutes Gefühl dabei.«

Du hast kein gutes Gefühl dabei? Da haben wir's schon wieder: Du machst dich von deinen Gefühlen abhängig!

»Ich meinte damit: Es scheint mir nicht richtig.«

Das ist schon besser. Was aber, wenn du gesagt hättest: »Ich habe über die Sache nachgedacht und nicht herausfinden können, wie ich damit auf biblischer Grundlage umgehen soll«? Meinst du nicht, dass eine Aussage wie diese besser wäre – also dass du das Wort Gottes als Maßstab nimmst und darin nach einer objektiven Antwort suchst? Um ehrlich zu sein, müsstest du das natürlich auch tatsächlich getan haben.

»Tja, ich habe in der Bibel nachgeschaut, aber ich konnte nichts finden, was mir hilft.«

Es gibt ein biblisches Prinzip, dass in deinem Fall vielleicht hilft.

»Verrate es mir!«

Es steht in Römer 14.

»Ich dachte, im Römerbrief geht es ausschließlich um Theologie und so?«

Nun, es gibt sicher eine ganze Menge Theologie im Römerbrief, aber das ist nicht alles. Dort stehen einige sehr praktische Dinge, die – mit Recht – auf theologischen Grundsätzen basieren.

»Oh. Nun, dann sag mir, was in Römer 14 steht.«

Okay. Hier Vers 23:

> Wer aber zweifelt, wenn er isst, der ist verurteilt, weil er es nicht aus Glauben tut. Alles aber, was nicht aus Glauben ist, ist Sünde.

»Aber mein Problem hat nichts mit Essen zu tun.«

Das dachte ich mir schon.

»Und warum zitierst du das dann?«

Ich habe ja gesagt, dass wir ein Prinzip untersuchen werden, das dir vielleicht helfen wird. Das Prinzip lautet: »Was nicht aus Glauben ist, ist Sünde.«

»Wie soll das weiterhelfen?«

So: Es gab unter den Christen in Rom einige, die nicht sicher waren, ob sie bestimmte Speisen essen durften (wir werden hier nicht näher darauf eingehen), weil sie meinten, dass das vielleicht Sünde sei. Paulus sagt: Solange du dir nicht sicher bist, dass es keine Sünde ist, lass es. So einfach ist das. Ich nenne das gerne das »Abwarte-Prinzip«. Du stellst die Frage einfach zurück, bis du auf biblischer Grundlage sicher sagen kannst, ob es Sünde ist oder nicht.

»Hmmm. Ich denke, das verstehe ich jetzt: Würde ich in dieser Sache einfach entscheiden, wäre das schon Sünde, wenn ich bloß vermute, es könnte eine sein. Was aber, wenn es tatsächlich keine Sünde ist?«

Das tut hier nichts zur Sache. Solange du nicht anhand der Bibel (und nicht anhand deiner Gefühle) festgestellt hast, dass es keine Sünde ist, solltest du es nicht tun. Natürlich ist die Sache entschieden, wenn klar wird, dass es eine Sünde ist. Aber wenn du nicht sicher bist, solltest du abwarten. Wenn du nämlich etwas tust, was deiner Meinung nach eine Sünde sein könnte – kannst du das dann vor Gottes Angesicht tun? Natürlich nicht! Wenn du etwas tust, was du möglichweise für Sünde hältst (selbst wenn es das tatsächlich nicht ist), sündigst du allein aufgrund deiner Gesinnung …«

»Was meinst du mit ›deine Gesinnung‹?«

Schlicht und ergreifend: Du wärst bereit, etwas zu tun, was eine Sünde sein könnte; das ist eine sündige Gesinnung. Also, selbst wenn die Handlung an sich keine Sünde ist, was auch immer es sei: Deine Gesinnung, in der du es tust, ist Sünde.

»Jetzt hab ich's kapiert! Ich werde die Sache zurückstellen, bis ich anhand der Bibel sicher bin, dass es in Ordnung ist.«

Wunderbar. Gottes Segen!

Vergebung

Welch wunderbares Wort! Doch was bedeutet es? Wie bekommst du Vergebung, und wofür brauchst du sie?

Wenn man Christen über Vergebung reden hört, könnte man meinen, sie können einem alles darüber sagen. Doch kaum einer unter tausend kann eine solide, biblische Antwort auf die oben genannten Fragen geben!

Dass wir anderen vergeben, beruht darauf, dass auch uns durch Christus vergeben wurde: »... vergebt einander, so wie auch Gott in Christus euch vergeben hat!« (Eph 4,32).

Wir müssen jedem vergeben, der sagt, dass er es bereut – selbst wenn er wiederholt gesündigt hat (vgl. Lk 17,3). Aber nur denen muss vergeben werden, die ihre Missetat *bekennen*, die *erklären*, sie zu bereuen, und um Vergebung *bitten* (Spr 28,13). In Markus 11,25 sagt Jesus: »Wenn ihr ... betet, so vergebt, wenn ihr etwas gegen jemand habt«; so verhindern wir Verbitterung und Groll (Eph 4,31). Aber das ist etwas anderes, als einem Sünder Vergebung zuzusprechen. Das tust du nur, wenn er es bereut. Vergebung gegenüber anderen muss Gottes Vergebung widerspiegeln; Gott vergab dir, als du Buße tatst.

Manche oberflächlichen Christen empfehlen unabhängig davon zu vergeben, ob der andere seine Sünde bekennt oder nicht. Aber sie haben nicht recht verstanden, was Vergebung ist. Sie drängen darauf, damit der Vergebende den Nutzen davonträgt. Doch es war nicht zu Gottes, sondern zu *deinem* Nutzen, dass Gott dir vergab! Diese Auffassung von Vergebung ist egozentrisch und unbiblisch. Gott vergab dir erst, als du a) deine Sünden bereut hast, b) anerkannt hast, dass du ein Sünder bist, und c) an Christus geglaubt hast. Tatsächlich ist das auch jetzt noch so, wenn Gott als Vater vergibt; Christus sagt dazu: »Wenn ihr aber den Menschen nicht vergebt, so wird euer Vater eure Vergehungen auch nicht vergeben« (Mt 6,15).

Manche meinen, als Christus am Kreuz betete: »Vater, vergib ihnen«, vergab er, ohne dass Buße da war. Aber durch diese Worte gewährte Jesus keine Vergebung. Er bat Gott zu vergeben. Erhörte Gott ihn? Ja. Am Pfingsttag bekehrten sich tausende dieser Leute, und ihre Sünden wurden vergeben. Aber das geschah nicht von selbst. Petrus rief sie auf, Buße zu tun und zu glauben, um Vergebung zu empfangen (vgl. Apg 2,38).

Es ist nicht recht zu vergeben, solange keine Buße da ist, denn wenn man vergibt, verspricht man, die Sünde des Missetäters nie wieder zur Sprache zu bringen – sei es gegenüber ihm, anderen oder sich selbst. Jesus verlangt von dir, einem Sünder entgegenzutreten (Mt 18,15ff), damit es zur Aussöhnung kommt. Weigert er sich, auf dich zu hören, dann musst du es einem oder zwei anderen sagen, statt ihm zu vergeben. Wenn er auch auf sie nicht hört, musst du es der Gemeinde sagen. Tatsächlich muss die Sache, wenn keine Buße erfolgt, vor eine immer größere Zahl von Menschen gebracht werden. Warum? Um durch ihre Hilfe den Sünder zu gewinnen. Wahre Vergebung dient nicht dazu, dass dem Vergebenden leichter ums Herz wird, sondern sie versucht in Liebe den Sünder von der Last seiner Schuld zu befreien. Aus Sorge um den Sünder hakt die geschädigte Seite so lange bei ihm nach, bis die Sache vor Gott und den Menschen bereinigt ist. Jesus sagt: Jede Bitterkeit, die beim Geschädigten aufkommt, muss dieser durch Gebet überwinden. Weil Vergebung das Versprechen ist, sich nie wieder über die Sünde des Missetäters zu beklagen, wäre es äußerst inkonsequent, einem Unbußfertigen zu vergeben, bevor Maßnahmen der Gemeindezucht zum Erfolg geführt haben.

Wer versucht, freundlicher als Gott zu sein, wird am Ende grausam gegenüber anderen. Es ist nicht freundlich, sich darauf zu fokussieren, dass einem wohl ums Herz wird, weil man anderen vergibt, ob sie nun Buße tun oder nicht; vielmehr ist es freundlich, jedes biblisch gebotene Mittel zu nutzen, um Sünder zu gewinnen. Es mag unfreundlich scheinen, die Dinge immer wieder zur Sprache zu bringen, wenn ein Sünder die Aussöhnung verweigert, aber das musst du tun – nicht um ihn zu ärgern, sondern um ihm zu helfen, die Last seiner Sünde loszuwerden. Ihn zu ignorieren und sich auf sich selbst zu fokussieren, indem man sagt: »Ich fühle mich besser, seit ich Bob vergeben habe, auch wenn er keine Vergebung gesucht hat«, ist der Inbegriff der modernen, egozentrischen Psycho-Irrlehre.

Vergebung suchen ist nicht dasselbe wie sich entschuldigen. In der Bibel steht nichts über »sich entschuldigen« – das weltliche Versatzstück für Vergebung. Eine Entschuldigung bringt keine Vergebung zustande. Du entschuldigst dich und sagst: »Es tut mir leid«, aber du hast deine Sünde nicht bekannt. Derjenige, an dem du gesündigt hast, ist peinlich berührt und weiß nicht, wie er reagieren soll. Im Bild gesprochen hast du immer noch den Ball – der Handlungsbedarf liegt bei dir. Du hast ihn um nichts gebeten. Wenn du ihm aber deine Sünde bekennst und sagst: »Ich habe Gott um Vergebung gebeten, und jetzt bitte ich dich um Vergebung«, dann spielst du dem anderen den Ball zu. Du bittest ihn, die Sache für immer zu begraben, und jetzt ist er am Zug. Jesus befiehlt ihm, »Ja« zu sagen und damit dasselbe zu versprechen wie Gott: »Deiner Sünden und Missetaten werde ich nie wieder gedenken.« Das zieht einen Schlussstrich unter die Sache; eine Entschuldigung hingegen leistet das nicht.

Gibt es jemanden, den du um Vergebung bitten musst? Hat jemand dich um Vergebung gebeten und hast du ihm geantwortet: »Einmal ja; ein zweites Mal vielleicht; ein drittes Mal nie!« Vielleicht ist da jemand, den du niemals auf eine Sünde angesprochen hast, die zwischen ihm und dir nicht bereinigt ist. Gibt es irgendwelche solcher ausstehender Probleme? Dann hast du eine Aufgabe, um die du dich kümmern musst. Warum die Sache nicht noch heute erledigen?

Du musst dich nicht danach fühlen zu vergeben. Vergebung ist ein Versprechen, das du geben und halten kannst, ob du dich danach fühlst oder nicht. Und es ist leichter, einander zu vergeben (selbst wenn jemand siebenmal am Tag gegen dich sündigt), wenn du dich daran erinnerst, welches gewaltige Opfer Christus für deine Sünden darbrachte, um dir zu vergeben. Und bedenke auch, wie oft am Tag er dir vergibt, seitdem du gläubig geworden bist! Noch etwas anderes kann dabei helfen: Wenn du ein Fehlverhalten wirklich vergeben hast, dann tust du das dem Schuldner gegenüber nicht zum fünften oder dritten, ja nicht einmal zum zweiten Mal. Wenn du wirklich vergeben und die Sache begraben hast (auch die vorherigen Male) – wenn du wahrhaftig vergeben hast – dann ist das immer das erste Mal!

7

Die Gemeinde (Ekklesiologie)

Was ist die Kirche oder Gemeinde?

Wir hören immer wieder davon, dass alle möglichen Organisationen gegründet werden, die hoffen, das Werk Christi weiterzuführen – manche sind wohl legitim, andere sicher nicht. In einem können wir sicher sein: Die einzige Organisation, die Christus gegründet hat, um seinen Willen und sein Werk auszuführen, ist die Gemeinde.

»Ich gehe zur Gemeinde; wie steht es mit dir? Möchtest du unsere Gemeinde einmal besuchen?«

Ich gehe auch zu einer Gemeinde; danke der Nachfrage. Weißt du, was eine Gemeinde ist?

»Aber natürlich. Zum Beispiel das Gebäude am anderen Ende der Straße, wo sich die Leute zum Gottesdienst versammeln.«

Falsch.

»Falsch?«

Das Gebäude ist der Ort, an dem sich die Gemeinde versammelt. Biblisch ausgedrückt ist die Gemeinde eine Gruppe von Menschen, die Gott sich durch das Werk Christi am Kreuz als Eigentum erworben hat.

»Erzähl mir mehr.«

Okay. Das griechische Wort für »Gemeinde« ist *ekklesía*. Es bedeutet »die Herausgerufene«.

»Worum geht es dabei?«

Nun, um dies: Das Wort geht auf die Zeit der griechischen Stadtstaaten zurück, deren Bevölkerung sich aus drei Klassen von Menschen zusammensetzte: Bürger, Freigelassene und Sklaven. Die Sklaven und die Freigelassenen machten den Großteil aus. Diese Städte waren kleine, aber echte Demokratien, die jede ihre eigene Verfassung, Gesetze usw. hatten. Sie waren sogar direkte Demokratien; das heißt, sie hatten kein Parlament mit Volksvertretern, sondern jeder Bürger konnte zu jeder aufkommenden Frage abstimmen. Wenn zu einer Stadtversammlung aufgerufen wurde, versammelten sich die Bürger, hörten Ansprachen und warfen dann einen Stein in einen Krug, mit dem sie ihre Stimme abgaben. Ein schwarzer Stein bedeutete »nein«, ein weißer »ja«. Nur Bürger konnten abstimmen.

Immer wenn eine Abstimmung anstand, ging ein Herold durch die Stadt und machte bekannt, dass eine Abstimmung stattfinden sollte. Auf diese Weise wurden die Bürger aus der Masse der Menschen in der Stadt und der Gesamtbevölkerung herausgerufen, sich zu versammeln und ihre Stimme abzugeben.

Somit steht hinter der Vorstellung von der Gemeinde, die aus »Berufenen« besteht, das Bild vom Herold, der umherzieht, um aus der Welt diejenigen heraus zu berufen, die dem Evangelium glauben. Wenn Menschen dem Evangelium glauben, das durch die Herolde Christi (die Prediger und Evangelisten) verkündigt wird, werden sie Teil derer, deren »Bürgerrecht im Himmel« ist (Philipper 3,20): der Gemeinde.

Hast du den Ruf zum Glauben an Jesus Christus vernommen? Bist du ein Bürger des Himmels?

Weißt du, in diesen griechischen Stadtstaaten waren die Bürger in der Minderheit. Sie mussten deshalb vom Herold aus der Masse der Bevölkerung aufgesucht und herausgerufen werden. Deshalb war es angemessen, dass dieses griechische Wort *ekklesía* von den frühen Christen übernommen wurde, um ihre Versammlungen zu bezeichnen. Schon in der Septuaginta (der griechischen Übersetzung des Alten Testaments, die zur Zeit Jesu verbreitet war) wurde das hebräische Wort *qahal* (»Versammlung, Gemeinde«) synonym sowohl mit *synagoge* als auch mit *ekklesía* übersetzt. Die ersten Christen waren also daran gewöhnt, es so zu benutzen, aber auch im Sinne von »zu einer Versammlung zusammenkommen«, wie schon im Alten Testament. Die Verfasser des Neuen Testaments gaben ihm die oben erwähnte zusätzlichen Bedeutungen (»von Gott herausgerufen sein« durch seine »Herolde«).

Darüber hinaus kann man aus einer anderen Perspektive »Gemeinde« noch in einem weiteren Sinn verstehen. Es gibt die wahre Gemeinde – d. h. die Gesamtheit der Erretteten, ob sie nun gemeinsam in eine Gemeinde von Gläubigen gehen oder nicht – und die sichtbare Gemeinde. Mit Letzter meine ich all jene, die äußerlich zu einer Gemeinde gehören, ob sie nun gerettet sind oder nicht. Nach einer gründlichen Prüfung seines Bekenntnisses auf Echtheit nehmen wir ihn als Gemeindemitglied auf. Da wir aber den Menschen nicht ins Herz schauen können, unterläuft uns manchmal ein Fehlurteil. Außerdem sind da noch die Kinder der Gläubigen, die noch nicht selber gläubig worden sind. Auch sie stehen unter der Fürsorge und Zucht der Gemeinde. All diese machen zusammen die sichtbare Gemeinde aus.[30]

»Ich hätte nie gedacht, dass es so viel über die Kirche zu erfahren gibt. Gut, dass ich dich gefragt habe, ob du eine Gemeinde von Menschen besuchst, die sich zum Glauben an Christus bekennen. Das habe ich jetzt richtig ausgedrückt, nicht wahr?«

Goldrichtig.

[30] Der Verfasser beschreibt hier die Situation seiner eigenen Gemeinde: Er ist Pastor einer Presbyterianischen Kirche, die Kinder tauft und formell zur äußeren Gemeinde zählt. Täuferische Gemeinden zählen die Kinder nicht mit; Anm. d. Übers.

Wann wurde die Gemeinde gegründet?

Wann wurde die Gemeinde offiziell gegründet? In Matthäus 16 versprach Jesus, dass er sie eines Tages ins Dasein rufen werde, indem er ihr das Amt der Schlüssel gibt. Aber das war nicht der Tag, an dem sie gegründet wurde. Viele verweisen auf Pfingsten als den Tag, an dem sie offiziell begann. Aber auch das ist falsch. Der Zweck von Pfingsten war nicht die Gründung der Gemeinde. Pfingsten war zwar ein epochemachendes Ereignis, aber hier wurde nicht die Gemeinde gegründet, sondern der Heilige Geist kam auf die Erde und rüstete die bereits bestehende Gemeinde für ihre missionarische Aktivität zu.

Und wann begann die neutestamentliche Gemeinde tatsächlich? Dass die Gemeinde als geordnete Körperschaft bereits vor Pfingsten existierte, wird dadurch bewiesen, dass sie als Körperschaft offiziell in Aktion trat, um einen Apostel zu wählen, der den Platz des Judas einnehmen sollte (Apg 1,14-26). Offensichtlich betrachteten diejenigen, die so handelten, sich bereits als Gemeinde. Zweimal heißt es, dass am Pfingsttag Bekehrte »hinzugefügt« wurden. Wo hinzugefügt? Zu einer bereits existierenden Körperschaft von Menschen, die bereits von ihrer Gemeinschaft sagen konnten, dass sie eine bestimmte Zahl von Mitgliedern hat (Apg 2,41.47).

»Nun, wann wurde die Gemeinde dann gegründet?«

Damals in dem Raum, wo Jesus nach seiner Auferstehung den Aposteln erschien und sie bevollmächtigte, den Auftrag zu übernehmen, der ihm früher von seinem Vater gegeben worden war:

> Wie der Vater mich ausgesandt hat, sende ich auch euch. (Joh 20,21)

Das war eine Einsetzungszeremonie für ihren Auftrag. Dann fuhr er fort und erteilte ihnen die Vollmacht, die Gemeinde zu leiten:

> Empfangt Heiligen Geist! Wenn ihr jemandem die Sünden vergebt, dem sind sie vergeben, wenn ihr sie jemandem behaltet, sind sie ihm behalten. (Verse 22-23)

Dass er sie mit dem Heiligen Geist anhauchte, symbolisierte, dass er ihnen die Kraft des Heiligen Geistes übertrug, in der er selbst seinen Dienst vollbracht hatte. Sie wurden damit bevollmächtigt, an seiner Stelle weiter zu machen.

Wir sollten in dieser Frage Klarheit haben, denn sie ist durchaus wichtig um zu erkennen, in welche Bedeutung die Autorität der Apostel für die Gemeinde hat. Die Gemeinde begann damals in dem Raum, wo die Jünger versammelt waren – weder davor noch danach. Diese Frage ist von Bedeutung für die Widerlegung einiger irriger Ansichten, die manche Sekten propagieren. Aber hier ist kein Raum dafür, diese Lehren zu untersuchen. Es ist einfach wichtig, dass echte Gläubige korrekte Ansichten haben, damit niemand sie irreführen kann.

Konfessionen

»Jetzt gibt es schon wieder eine neue!«

Wovon sprichst du?

»Von Konfessionen.«

Konfessionen?

»Ja. Jeden Augenblick scheint eine neue aufzusprießen, von der ich bisher noch nie gehört habe. Seit sich zum Beispiel die Anglikaner gespalten haben, gibt es zwei Episkopalkirchen[31] *in den USA.«*

Das stimmt nicht. Schon 1873 fand die erste Spaltung statt, und seitdem gibt es die Reformed Episcopal Church. Sie hat eine theologische Ausbildungsstätte in Philadelphia und eine in South Carolina. Sie trennten sich wegen Fragen über das Priestertum. Doch abgesehen davon, was stört dich an Konfessionen?

»Allein schon, dass es so viele davon gibt. Ich kann nicht verstehen, warum die Leute nicht miteinander auskommen und warum sie immer wieder Spaltungen produzieren.«

Darf ich versuchen, das zu beantworten?

»Wenn du kannst …«

Nun, es gibt viele Gründe für diese Situation. Ich gebe zu, dass einige davon völlig verkehrt sind und nur mit menschlicher Machtgier und dergleichen zu tun haben. Und selbst wenn es einen besseren Grund gibt, können manchmal ganz verschiedene Dinge miteinander vermengt sein, was dann sehr verwirrend ist. *Ein* Hauptgrund für dieses Problem aber ist der, den Paulus in 1. Korinther 11,19 erläutert:

> Denn es müssen auch Parteiungen unter euch sein, damit die Bewährten unter euch offenbar werden.

An dieser Stelle spricht Paulus Spaltungen innerhalb einer kon-

[31] Die Episkopalkirche ist der US-amerikanische Zweig der englischen Anglikanischen Kirche; Anm. d. Übers.

kreten Gemeinde an, aber dies trifft grundsätzlich auch auf Spaltungen allgemein zu.

»Dann klingt das ja fast so, als ob Paulus meint, Spaltungen wären etwas Gutes?«

Nein, nein! Er lobt die Korinther ganz und gar nicht für ihren Parteigeist; vielmehr verurteilt er dies. Zugleich aber macht er klar: Manchmal ist es nötig, dass etwas Falsches geschieht, damit es zu etwas Richtigem führt.

»Klingt irgendwies seltsam; erklär mir das bitte!«

Wenn es nötig wird festzustellen, wer Recht hat, müssen Probleme sich oft zuspitzen. Dann kann – und darf – man die Probleme nicht mehr ignorieren, denn die Wahrheit steht auf dem Spiel. Nun sprechen wir nicht über bloße Meinungsverschiedenheiten, sondern darüber, dass Gottes Wahrheit und sein Werk angegriffen werden. Ich spreche davon, ob man über zentrale Dinge wie das Evangelium denken kann, was man will. Diese Art von Problemen führt oft zu Spaltungen.

Letztlich aber führt eine Spaltung Dinge zutage, die oft jahrelang unter den Teppich gekehrt wurden. Wenn sie wichtig sind, sollten sie ans Licht gebracht werden, damit die Leute sich jeder möglicher Irrlehre bewusst werden und sie meiden. Bei der jüngsten Spaltung in der Episkopalkirche, die du erwähnt hast, traten beispielsweise Bibelkritik und sogar die Ordination Homosexueller öffentlich in Erscheinung.

»Hmmm. Ich denke, ich verstehe das. Aber ich mag Spaltungen nicht.«

Ich auch nicht. Aber wir leben in einer Welt voller Sünde – und das bedeutet, dass vieles geschieht, was wir nicht mögen.

»Ich schätze, da hast du Recht.«

Nebenbei: Welcher Konfession gehörst du eigentlich an, und hast du einen guten Grund dafür, gerade dort Mitglied zu sein?

»Ähm …«

Gemeindenomaden

Das Wort »Gemeindenomaden« weckt sofort die Vorstellung von Leuten, die du kennst, die in keiner Gemeinde zurechtkommen und ständig von einer Gemeinde zur anderen ziehen. Ich spreche nicht von solchen, die aus gutem Grund fortgehen, wie etwa wegen des Aufkommens einer falschen Lehre oder weil die Gemeinde liberal geworden ist oder von einer spalterischen Splittergruppe übernommen wurde. Ich spreche von solchen, die wie ein Schmetterling eine Weile über einer Blüte schweben und dann wieder über einer anderen, die aber ihren Schwebeflug nie lange genug unterbrechen, um sich wo auch immer dauerhaft niederzulassen.

Solche Leute stiften oft Unruhe, wohin sie auch kommen. So können sie sich etwa hinstellen und erklären, die Gemeinde, die sie verlassen haben, sei voller Irrlehren oder Probleme und sie seien so froh, endlich eine Gemeinde gefunden zu haben, die für die Wahrheit einsteht (nämlich deine Gemeinde). Aber es dauert nicht lange, bis sie jemand anderem in der Stadt dieselbe Geschichte über deine Gemeinde erzählen. Was kann man bei dieser Problematik tun?

Müssen wir für immer solche Leuten ertragen und auch die Unruhe und das Misstrauen, das sie stiften, oder kann man etwas tun, um dieses Flattern von einer Gemeinde zur anderen zu stoppen? Und gibt es für Gemeindeleiter eine Möglichkeit, ihnen so zu dienen, dass man sie von ihren Nomadentum heilen kann? Ja, es gibt einen Ansatz, der beides bewirkt. Das einzige Problem dabei ist, genügend Gemeinden zu besuchen und zu erreichen, um damit zu beginnen. Ich spreche oft über dieses Thema auf den Leiterkonferenzen eines Gemeindeverbandes. Dort stelle ich eine biblische Lösung vor und bitte die Verantwortlichen eindringlich, eine Taktik anzunehmen und durchzuziehen, die – wenn nur genug Gemeindeleiter und -glieder mitziehen – dem Übel praktisch ein Ende bereiten wird.

Wenn die Taktik, die ich vorstelle, dich ermutigt, möchtest du diesen Artikel vielleicht deinem Gemeindeleiter zeigen, der ihn vielleicht, wenn er ihn für nützlich hält, wiederum beim nächsten Predigertreffen weitergeben mag. Zumindest aber wird er mit den Gemeindeverantwortlichen in seiner Gegend, mit denen er bereits zusammenarbeitet, eine Vereinbarung treffen wollen.

Es stellt für eine Gemeinde und ihre Leiterschaft immer eine trügerische, schmeichelhafte Verführung dar, wenn jemand aus einer anderen Gemeinde übertritt und erklärt, dass seine Ex-Gemeinde schwere Defizite habe, die er endlich in deiner Gemeinde nicht vorfindet. Wie froh ist er doch, mit Leuten zusammen zu sein, die es ernst meinen! Es fällt nicht leicht, objektiv zu bleiben, wenn jemand dir derart betörende Loblieder singt. Doch wenn du den folgenden Grundsatz beherzigst, wirst du deine Sinne beisammen halten können und dich nicht von solchem Geschwätz betören lassen. Zuerst aber will ich dir erzählen, was ich einmal selbst als Pastor erlebte.

Ich hatte gerade erst das Pastorat an einer neuen Gemeinde begonnen, als mich ein Gemeindeleiter aus der Nachbarschaft anrief. Er sagte: »Herr und Frau Reiser[32] haben jetzt einige Wochen lang meine Gemeinde besucht und wollen Mitglied werden. Ich weiß, dass sie vorher eine Zeitlang Mitglied deiner Gemeinde waren; kannst du mir etwas über sie sagen?« Weil ich gerade erst zu meiner neuen Gemeinde dazugestoßen war, konnte ich das natürlich nicht. Ich antwortete: »Nein, ich kenne sie nicht; ich bin erst vor einem Monat hierher gezogen. Aber ich werde mit meinen Ältesten darüber reden und dir mitteilen, was ich herausbekomme.«

Als ich die Ältesten fragte, sagten sie: »Ach nein, die Reisers? Ja, sie waren hier Mitglied; aber weil sie jede Menge Ärger gemacht haben und nachdem wir sie über ein Jahr lang geduldig auf ihre spalterischen Aktivitäten angesprochen haben, waren wir gezwungen, sie auszuschließen.« Nachdem ich das erfahren hatte, rief ich sofort den anderen Pastor an und berichtete ihm von der Sache. »Danke,« sagte er; »ich hatte keine Ahnung davon!« Etwa sechs bis acht Monate später traf ich ihn auf einer Tagung und fragte ihn: »Was ist mit den Reisers geworden?« – »Oooh,« entgegnete er, »ich hasse dieses The-

32 Der Name der betroffenen Personen ist frei erfunden, aber nicht zufällig.

ma. Wir nahmen sie trotz deiner Warnung als Mitglieder auf; und erst letzte Woche haben sie unsere Gemeinde gespalten und sind mit einem halben Dutzend Familien weggegangen.«

Gemeindenomaden sind kein Gewinn, sondern du holst dir einen Jona ins Boot!

Zuerst einmal hat ein Prediger des Evangeliums nicht den Auftrag, Gemeindenomaden eine Heimat zu bieten. Wenn diese Nomaden die Herde eines wahren Hirten Jesu verlassen haben, sollte die Gemeindeleitung sie selbst dann, wenn die frühere Gemeinde nicht jedes Jota und Häkchen so korrekt lehrt wie ihr, zur alten Herde zurückführen. Damit du mich recht verstehst: Ich spreche nicht von Schafen, die die Herde eines Wolfs im Schafspelz verlassen haben. Solche muss man auf der Stelle aufnehmen! Vielmehr musst du alles dir mögliche tun, um sie von einem Ort wegzuführen, wo das Evangelium zersetzt und das Wort Gottes verachtet wird. Hier aber spreche ich über ein Schaf, das aus einer Hürde entlaufen ist, um die sich ein wahrer Hirte Christi kümmert.

Wenn eure Gemeinde feststellt, dass ein solches entlaufenes Schaf regelmäßig zu euren Gottesdiensten kommt, müsst ihr mit ihm reden, etwa so: »Es ist schön, dass du hier bist; aber sag mir, bist du nicht Mitglied in der Gemeinde von Pastor Bob Greene?«

»Ja.«

»Nun, das wundert mich. Bob predigt das Evangelium. Was ist passiert? Hast du deine Lehrüberzeugungen geändert oder etwas ähnliches?«

»Nein, ich scheine dort einfach nicht mehr richtig hinzupassen. Ich hatte Probleme mit ein paar Leuten dort. Aber ich kann dir sagen: Obwohl ich erst seit zwei Wochen hier bin, komme ich hier mit allen gut aus.«

An dieser Stelle sagt man ihm: »Nun, es freut mich, dass du gerne unseren Gottesdienst besuchst und die Leute hier magst, aber der Grund, den du nennst, warum du Bobs Gemeinde verlassen hast und hierher kommst, ist nicht biblisch. Du musst zuerst einmal deine Probleme dort bereinigen. In Fällen wie diesem haben Bobs Gemeinde und wir eine Übereinkunft getroffen. Wir gehen folgendermaßen vor: Ein Ältester von uns ruft Bob an, und wir alle treffen uns, um mit dir deine Probleme gründlich zu erörtern und um festzustellen, was Gott von dir in dieser Sache erwartet. Wir stehen dir in dieser Sache gerne mit Rat und Tat zur Verfügung.«

Wenn der Gemeindewechsler zustimmt, wirst du ihn vielleicht davor bewahren, eine Nomadenkarriere zu beginnen. Und wenn er schon ein Gemeindenomade ist, wirst du ihn vielleicht daraus befreien können. Auf jeden Fall tust du dann das richtige vor Gott und für ihn, egal wie er darauf reagiert; und vergiss nicht: ein Gemeindenomade ist kein Gewinn.

»Was du sagst, mag ja stimmen, aber wird er dann nicht einfach in eine andere Gemeinde gehen?«

Das kann gut sein, aber bedenke:

- Du musst das Richtige tun, egal was dabei herauskommt.
- Du weißt nicht, was dabei herauskommt; vielleicht wird er Gott gehorchen. Immerhin ist ihm nie zuvor jemand auf diese Weise entgegengetreten.
- Du wirst deine eigene Gemeinde vor künftigem Kummer bewahren.
- Wenn er danach in einer Gemeinde Unruhe stiftet, die ihn aufgenommen hat, wird die Leitung dieser Gemeinde sich vielleicht der Abmachung zwischen Bobs Gemeinde und euch anschließen.

Natürlich wirst du nicht alle bibeltreuen Gemeinden der Stadt dafür gewinnen, dieser oder einer ähnlichen Taktik sofort (wenn überhaupt) zu folgen. Doch die besseren Gemeinden werden wahrscheinlich darauf eingehen, und je mehr Gemeinden das tun, desto schwieriger wird es für praktizierende oder potentielle Nomaden, von einer Gemeinde zur nächsten zu rennen. Es wäre schon hochinteressant, wenn eine Gemeinde nach der anderen immer auf dieselbe Weise reagiert, wenn ein solcher Streuner von Ort zu Ort zieht.

Bedenke dies sorgfältig. Müsste man so etwas nicht auch in deiner Stadt so handhaben? Denke an eure letzte schlechte Erfahrung mit einem Gemeindenomaden. Willst du das noch einmal erleben?

Denke auch an ihn. Vor allem aber bedenke, wie wir laut der Bibel mit zwischenmenschlichen Problemen angemessen umgehen sollen (Lk 17,3ff; Mt 18,15ff usw.). Die Praxis, solche Personen in die Gemeinde aufzunehmen, ist biblisch nicht zu rechtfertigen; und es ist an der Zeit, dass Pastoren und Gemeinden aufhören, dadurch diese Nomaden zu ermutigen, weiterhin zu sündigen. Beihilfe zur Sünde ist an sich schon Sünde. Denke darüber nach! Denke nach und handle!

Wenn du einen Jona in deine Gemeinde aufnimmst, wird der Sturm darauf folgen, und wahrscheinlich musst du ihn am Ende sowieso über Bord werfen!

7. Die Gemeinde (Ekklesiologie)

8

Irrlehre, Unglaube und Streit (Apologetik)

Das NT ist voller lehrmäßiger Streitfragen

Manchmal scheinen wir zu viel Zeit dafür zu verwenden, Unwahrheit aufzudecken und zu widerlegen. Wir alle ärgern uns darüber, dass es innerhalb und außerhalb der Gemeinde so viele falsche Lehren gibt. Oft werden solche, die gegen den Irrtum vorgehen und stattdessen versuchen, die biblische Wahrheit in Klarheit dagegenzuhalten, einfach abwertend als »Ketzerjäger« abgestempelt. Doch schauen wir kurz auf die Bücher des Neuen Testaments. Schon ein knapper Überblick zeigt, ob es berechtigt ist, einen Eifer für die Wahrheit und gegen Irrtum so abwertend zu beurteilen.

- In den **Evangelien** warnt Jesus uns vor Irrlehrern und spricht von Wölfen im Schafspelz sowie vom »Sauerteig der Pharisäer«. Sein Wirken besteht zu einem erheblichen Teil aus Konflikten mit jenen, die sich weigerten, seine Lehre anzunehmen.
- Die **Apostelgeschichte** berichtet über die erste bedeutende Kontroverse der Gemeinde: die Streitfrage, ob jemand ein Jude werden muss oder nicht, bevor man ihn als vollwertigen Christen betrachten kann. Ein Gemeindekonzil wird einberufen, um die Sache zu regeln. Außerdem bemüht Paulus sich, die Ältesten von Ephesus vor reißenden Wölfen zu warnen, die über die Herde herfallen und sie spalten werden, um Jünger hinter sich her abzuziehen. Wir sehen dort auch, dass die Judaisten Paulus ums halbe Mittelmeer folgen und sowohl ihn verfolgen als auch die von ihm neugegründeten Gemeinden durcheinander bringen.
- Der **Römerbrief** als ganzer ist eine lehrhafte Abhandlung über die Rechtfertigung allein durch den Glauben im Gegensatz zur Errettung aus Werken und über die der Errettung folgenden Heiligung. Dort greift Paulus auch Gottes Verwerfung des »Israel nach dem Fleisch« auf.
- Im **1. Korintherbrief** geht es um eine ganze Reihe von Proble-

men: Spaltungen, Missbrauch von Gnadengaben, Gemeindezucht, Ehe und Ehescheidung, und so weiter und so fort.

- Der **2. Korintherbrief** entlarvt falsche Apostel, die in die Gemeinde eingefallen sind und Paulus vorwerfen, kein echter Apostel zu sein. Der Stellenwert apostolischer Vollmacht wird ebenso dargelegt wie die Kennzeichen eines echten Apostels. Hier findet man auch zwei schier unglaubliche Aufzählungen von Prüfungen, die Paulus um der Gemeinde Gottes willen erduldet hat.
- Der **Galaterbrief** ist eine stürmische Verteidigung der Rechtfertigung allein durch den Glauben gegenüber denen, die etwas anderes lehrten und die Gemeinde durch jüdische Gesetzlichkeit verwirrten. Er beginnt mit einem Fluch über die, die ein »anderes Evangelium« verkündigen.
- Der **Epheserbrief** ist weniger kontrovers und mehr ein allgemein gehaltenes Schreiben, das keine widrigen Umstände oder Probleme anspricht. Und doch wird gerade in diesem Brief detailliert die »geistliche Waffenrüstung« beschrieben – die dazu dient, den Kampf gegen die Feinde Christi zu führen. Die Bibel wird nicht als Buch dargestellt, sondern als »Schwert«!
- Im **Philipperbrief** geht es um eine Spaltung innerhalb einer ansonsten guten Gemeinde. Aber er legt auch dar, welch verheerende Auswirkungen Egoismus hat, und stellt dem eine christologische Kernaussage gegenüber.
- Der **Kolosserbrief** bekämpft leidenschaftlich jüdischen Gnostizismus. Diese Irrlehre plagte die frühe Gemeinde.
- Der **1. und 2. Thessalonicherbrief** greifen Irrlehren über die Wiederkunft des Herrn auf und stellen eschatologische Fragen klar, die aufgekommen waren.
- Der **1. und 2. Timotheusbrief** und der **Titusbrief** vermitteln »gesunde Lehre« und stellen diese den grassierenden falschen Vorstellungen entgegen. Und dabei zögert Paulus nicht, bestimmte einzelne Irrlehrer beim Namen zu nennen.
- Der **Philemonbrief** ist eine willkommene Ausnahme.
- Der **Hebräerbrief** als ganzer bekämpft alle möglichen Einflüsse, die einen wankenden Judenchristen bewegen könnten, zum Judentum zurückzukehren.

- Der **Jakobusbrief** macht jede Illusion zunichte, man könne echten Glauben haben, ohne dass dies zu guten Werken führen würde.
- Der **1. Petrusbrief** erklärt, inwiefern die neutestamentliche Gemeinde keine irdisch-politische Größe mehr ist, sondern dass sie jetzt das geistliche Volk Gottes ist, das neue Israel.
- Der **2. Petrusbrief** warnt davor zuzulassen, dass Spötter und Frevler die Gemeinde durcheinander bringen, und offenbart das wahre Bild der letzten Dinge.
- Der **1. Johannesbrief** argumentiert durchgängig und effektiv gegen den Gnostizismus des Kerinth, eines frühgnostischen Irrlehrers, der Zeitgenosse des Apostels Johannes und dessen Gegner in Ephesus war.
- Der **2. Johannesbrief** verbietet, Irrlehrern Gastfreundschaft zu gewähren.
- Im **3. Johannesbrief** geht es um den Missbrauch von Gemeindezucht, mit der man es so übertrieben hatte, dass dadurch beinahe eine Gemeinde zerstört worden war.
- Der **Judasbrief** ist eine einzige Ermahnung, gegen die freizügigen Irrlehrer zu kämpfen, die die Warnungen des 2. Petrusbriefs missachtet und nun die Gemeinde unterwandert hatten.
- Die **Offenbarung** spricht vom Krieg Gottes gegen ein abgefallenes Judentum, das der erste Verfolger der Gemeinde war, und gegen Rom, den zweiten Verfolger, und sagt den Fall beider Feindesmächte voraus. Sie bekämpft auch Sekten wie die Nikolaiten. Jesus wird als Krieger dargestellt, der auf einem weißen Pferd reitet und durch das Schwert seines Mundes für die Wahrheit kämpft. Alle Briefe an die sieben Gemeinden legen diesen eindringlich nahe, im Kampf gegen den Bösen und seine Diener den Sieg zu erringen.

Was ist unser Fazit in Anbetracht dieser Liste? Gibt es noch irgendeinen Grund, warum wir nicht gerüstet sein sollten, Unwahrheit in der Gemeinde aufzuspüren und zu widerlegen?

Die Bibel scheint »Ketzerjagd« zu empfehlen, oder meinst du nicht?

Sei bereit, ganz allein dazustehen!

Manche älteren Christen wissen noch, wie sehr sich unsere heutige Zeit von jener Mitte des 20. Jahrhunderts unterscheidet. Junge Christen haben heute keine Vorstellung davon, wie das damals war; darum will ich es dir sagen: Die liberalen Theologen waren auf dem Vormarsch! Sie hatten in den wichtigsten Konfessionen alle federführenden Gemeinden übernommen, dazu deren Hochschulen und theologischen Seminare, die die Richtung vorgaben. Der »Federal Counsel«, jetzt »National Council of Churches«[33] hatte sogar die Kontrolle über die Medien erlangt – das war damals das Radio: Du konntest keine Sendung ausstrahlen ohne ihre Erlaubnis. Das gelang natürlich keinem einzigen Konservativen. Zu jener Zeit wurden die, die für die Wahrheit einstanden, ausgegrenzt und lächerlich gemacht. Neugegründete konservative Gemeinden versammelten sich in kleinen Ladenlokalen. Prediger, die sie treu die biblische Wahrheit verkündigten, waren in den Mainstream-Kirchen nicht mehr willkommen. Ich erinnere mich gut daran, denn in genau diesem Klima begann mein Dienst als Pastor.

Heute sieht es genau umgekehrt aus: Die Konservativen haben (unter den Evangelikalen in den USA)[34] alles übernommen. Sie haben eine Unzahl von Gemeinden und Denominationen hervorgebracht, die sich von den Liberalen abgrenzen. In Mitgliederzahl und Einfluss stehen sie an der Spitze. Sie verfügen über den Wohl-

---

[33] »Nationaler Kirchenrat«, d.i. die ökumenische Organisation auf nationaler Ebene der USA. In Deutschland entspricht dem die »Arbeitsgemeinschaft christlicher Kirchen« (ACK); Anm. d. Übers.

[34] Klammer durch den Übersetzer hinzugefügt, denn dies trifft nur auf die Lage in den USA zu; im deutschsprachigen Raum verlief die Entwicklung diesbezüglich umgekehrt: Die liberalen Theologen waren zunächst nur in den Landeskirchen aktiv, eine liberal durchsäuerte Theologie hat heute aber auch die evangelikale Freikirchenlandschaft fest im Griff.

stand der Gemeinde. Sie besitzen alle führenden Universitäten und Seminare. Heute ist die Blütezeit der Konservativen!

Allerdings war damals nicht alles schlecht. Zumindest wusste man, wer auf welcher Seite war: Wenn man an die Bibel glaubte (und sich dazu bekannte), wurde man von den Mächtigen und Einflussreichen zurückgewiesen. Man wusste also ziemlich gut, wer die echten Gläubigen waren. Wir machten alle einen Neuanfang mit unseren kleinen Gemeinden. Es gab keinen Kontakt zu denen, die das Wort Gottes verleugneten – es sei denn, um sie zu missionieren, und nicht, um Brücken zu ihnen zu bauen! Beide Lager waren getrennt, keiner hatte Sehnsucht nach dem anderen, wie sich das schon aus der Situation heraus ergab. Heute allerdings wird alles schwammig. Es gibt solche Konservative und solche.

Damals hätten bibelgläubige Christen nie im Traum daran gedacht, mit Mormonen, Liberalen, Moslems, Griechisch-Orthodoxen und Katholiken an einer Veranstaltung teilzunehmen, die einberufen wurde, um zusammen an einem angeblichen »gemeinsamen Ziel« zu arbeiten. Wir hätten dazu nur gesagt: »Grauenhaft! Denk nicht einmal im Traum daran!« Wir wären nur zu einem Zweck dorthin gegangen: um ihnen das Evangelium zu predigen, d. h. sie zu evangelisieren. Wir hätten jeden Neubekehrten aufgefordert, seine abgefallene Kirche zu verlassen. Kannst du dir einen J. Gresham Machen[35] in den Schuhen eines Rick Warrens vorstellen und dass so ein Konservativer wie Machen das sagt und dafür steht, was der »konservative« Warren sagt und wofür er steht?[36]

Die Zeiten haben sich geändert – sie ändern sich ständig –, und das ganz und gar nicht zum Besseren. Wir leben im Zeitalter der Politischen Korrektheit, wo Christen, ja selbst Prediger danach streben, sich den modernen Gepflogenheiten so weit wie möglich

[35] J. G. Machen (1881–1937) war eine Führungsfigur der bibeltreuen Evangelikalen und kämpfte an vorderster Front gegen den Einfluss der liberalen Theologie. Er verließ das zuvor bibeltreue Princeton Seminar und gründete nach dessen Unterwanderung durch liberale Theologie das Westminster Seminary. Eine Kurzbiografie ist enthalten in *Bibel und Gemeinde* Nr. 4/2012. Anm. d. Übers.

[36] Etwa vergleichbar mit: Könntest du dir vorstellen, dass John MacArthur die gleiche Position einnimmt wie Rick Warren? Anm. d. Übers.

anzupassen, um ja keinen Anstoß zu erregen. Heute ist man inzwischen sogar offen für Verhandlungen über eine Wiedervereinigung mit der römisch-katholischen Kirche, die uns drängt, in ihren »Mutterschoß« zurückzukehren, obwohl sie immer noch glaubt, dass Jesu einmaliges Opfer am Kreuz nicht zum Heil genügt. Aber das Sühnopfer Christi wird heute ja in vielen etablierten und neueren Kirchen offen geleugnet. Manche »Konservative« wollen sogar gemeinsame Sache mit denen machen, die das Schwert gegen unsere geistlichen Väter in Nordafrika (und anderswo) ergriffen und die Kirche Augustins und Tertullians ausgerottet haben! Sogar die Hauptlehre der Rechtfertigung allein durch den Glauben wird unter Konservativen in Frage gestellt und diskutiert. Wir leben in seltsamen Zeiten – und die lassen »alte Knaben« wie mich, die sich noch an damals erinnern, erschaudern.

Statt solche Kompromisse mit Irrlehrern zu schließen, ist es wieder an der Zeit, für Gottes Wahrheit einzustehen – selbst wenn man ganz alleine dasteht. Steh denen bei, die unter Aufopferung und Mühen das geistliche Wohlergehen erarbeitet haben, dessen Früchte du heute genießt! Studiere die jüngere Geschichte und ignoriere die Bibelkritiker! Du wirst entdecken, dass jene »gelehrten Akademiker« von unseren theologischen Seminaren schon Ende des 19., Anfang des 20. Jahrhunderts mit den deutschen Bibelkritikern (Schleiermacher, von Harnack, Bultmann, Barth, Brunner) anbändeln wollten, die den Glauben bereits über Bord geworfen hatten. Wenn man nur ein paar ihrer neuesten Kommentare liest, gibt es für den kritischen Geist offenkundige Anzeichen, dass sich das, was damals geschah, womöglich bald wiederholen wird. Tatsächlich geschieht dies schon mancherorts. Reiß das Unkraut aus! Lass es nicht wachsen und sich vermehren! Spür es auf und enthülle es, ehe es großen Schaden anrichten kann. Steh für die Wahrheit ein! Widerstehe darum auch entschlossen der Unwahrheit!

Wie Sekten entstehen können

Es stimmt: Alle populären Leute laufen Gefahr, dass sich Gruppen von Fans um sie scharen, die sie regelrecht anbeten. Sie können eine solche »Groupie«-Dynamik fördern und eine Anhängerschaft gewinnen, die ihnen fast alles glaubt, was sie behaupten. Hast du schon einmal von Jim Jones und dem Massenselbstmord seiner Sekte gehört? Bei dieser Tragödie im Jahr 1978 trieb dieser Anführer dieser »Volkstempel« genannten Sekte im Urwald von Guyana etwa 900 Anhänger in den Tod.

Dieses Phänomen der Popularität ist offensichtlich ein ergiebiger Nährboden für die Entstehung von Sekten. Wenn ein herausragender Mensch sich solche Schmeichelei nicht verbittet, kann er – selbst wenn seine Theologie orthodox ist – bewusst oder unbewusst zulassen, dass seine Anhänger eine sektiererische Haltung entwickeln. Wenn er dann noch ein oder zwei Lehren aufstellt, die von der traditionellen biblischen Lehre abweichen, sind alle nötigen Bestandteile vorhanden, um eine Sekte zu begründen. Anschließend werden seine Anhänger immer verbohrter, weil sie gezwungen sind, seine irrigen Ansichten zu verteidigen. Aber das ist nicht der Schwerpunkt dieses Buchs.

Es ist vielmehr so, wie einmal jemand sagte: »Sekten sind die offenen Rechnungen der Kirche.« Was bedeutet das? Schlicht und einfach dies: Immer wenn die Gemeinde Jesu Christi versagt, eine Wahrheit klar zu lehren und dadurch auf die eine oder andere Weise unausgewogen wird, schafft dies Raum dafür, dass sich in diesen vernachlässigten Bereich der Theologie eine Sondergruppe breit macht und das Feld übernimmt. Wir haben unsere Verantwortung nicht erfüllt – unsere Rechnung nicht bezahlt, und darum rückt jemand anders an, um das in Besitz zu nehmen, was Gott uns anvertraut hatte.

Denke nur an das 19. Jahrhundert, als man die Eschatologie kaum beachtete: Die Adventisten und Zeugen Jehovas nutzten die Gunst der Stunde. Und in die Zeit, als man den Hirtendienst und Fürsorge weithin vernachlässigte, fällt der Anfang der Heilungs-Sekten.

Die Frage lautet heute: In welchem Bereich vernachlässigt die Gemeinde etwas, das zu einer Sektenbildung führt, wenn es weiterhin stiefmütterlich behandelt wird? Was sich im Vergleich zu den letzten Generationen auf einem Rekord-Tiefstand befindet, sind eindeutig eine gründliche Systematische Theologie und eine sorgfältige Bibelauslegung. Wo sind die profunden Exegeten von heute? Das Interesse an Biblischer Theologie ist groß und populär; wo aber sind die Kommentare, die sich tiefschürfend mit dem Bibeltext befassen, statt von Vers zu Vers zu springen und zu versuchen, überall Parallelen zu finden? Solche Kommentare (sofern sie diese Bezeichnung überhaupt wert sind), die vor ausufernden und haarspalterischen Diskussionen nur so triefen, gibt es im Überfluss.

Darüber hinaus hat dies zur Folge, dass die praktische Anwendung zunehmend aus den Predigten dieser Leute verschwindet, da sie nur begeistert über ihre »Entdeckungen« sprechen. Man bekommt in Predigten zunehmend Geschichten und Anekdoten oder aber einen Themenvortrag geboten statt klare, fundierte Lehre, die auf der gründlichen Auslegung von Bibeltexten beruht und die auf den alltäglichen Wandel der Hörer praktischen Bezug nimmt.

Mehr noch: Bei den formkritischen[37] Diskussionen, die in diesen Kommentaren oft im Vordergrund stehen, zitiert man gerne bibelkritische Theologen, und das oft sogar zustimmend. Wenn es darum geht zu entscheiden, was eine Stelle bedeutet, weicht man häufig auf Aussagen aus wie: »Herr Soundso denkt dies, aber vier andere denken das« – und das in geradezu talmudischem Stil.

Hüte dich vor künftig aufkommenden absonderlichen, schriftwidrigen Auslegungen und theologischen Irrlehren! Das ist keine Prophezeiung; ich deute nur die Zeichen der Zeit.

---

[37] Die Formkritik oder Formgeschichte ist eine Methode der historisch-kritischen Theologie, die den Bibeltexten bestimmte literarische Formen und historische Hintergründe unterstellt, die aus bibeltreuer Sicht meist abzulehnen sind. Bei der historisch-kritischen Theologie dienen diese Analysen nicht selten als vermeintlich wissenschaftliche Begründung der vorgefassten Meinung des Bibelkritikers; Anm. d. Übers.

Schon jetzt stellen manche von denen, die es besser wissen müssten, die Lehre der Rechtfertigung allein durch den Glauben in Frage (die so genannte Neue-Paulus-Perspektive). Was kommt als nächstes? Man sieht förmlich, wie Rom schon einen Fuß in der Tür hat und sich vorsichtig einschleicht.

Es ist an der Zeit, dass die Prediger aufwachen. Es kann leicht sein, dass vor unseren Augen eine neuartige Sekte auftaucht – eine Sekte, deren Anhänger verächtlich auf die herabblicken, die »nur« die Lehren der Schrift auslegen und predigen. Pass auf, wenn die Liturgie der Verkündigung den Platz streitig macht. Sei auf der Hut!

Zeichen und Wunder

Die übernatürlichen Wunder, die manche heute angeblich bewirken können, sind falsch. Es gab nur zwölf Apostel (Gott hatte Paulus erwählt, nicht Matthias; aber das wäre ein Thema für sich). Es gab auch eine Möglichkeit, die Apostel zu erkennen:

> Die Zeichen des Apostels sind ja unter euch vollbracht worden in allem Ausharren, in Zeichen und Wundern und Machttaten. (2Kor 12,12)

Diese übernatürlichen Wunder (wörtlich: »Machttaten«) wirkten Erstaunen bei denen, die sie sahen, und wurden dadurch zum Zeichen (Beweis) dafür, dass der, der sie tat, ein Apostel war.

Angenommen, ich würde dir erzählen, meine neue Gemeinde liege an einer bestimmten Straße unter dieser und jener Anschrift, und es sei überhaupt kein Problem für dich, sie zu finden; am Straßenrand des Grundstücks stehe nämlich ein Hinweisschild: »Bibeltreue Gemeinde Soundso«. Wenn du dort dann aber ankommst und exakt ein und dasselbe Schild an allen Häusern des ganzen Straßenblocks sehen würdest, dann wärst allerdings völlig verwirrt.

Ein Zeichen dient dazu, etwas eindeutig zu identifizieren. Das heißt, es unterscheidet etwas von etwas anderem, seien es Dinge oder Menschen. Es stellt ein Unterscheidungsmerkmal dar. Paulus sagt, dass Wunder (übernatürliche Machttaten) die Zeichen eines wahren Apostels sind (oder eine Möglichkeit, ihn als solchen zu identifizieren). Sie heben die Apostel von anderen Christen ab.

Da es keine Apostel mehr gibt, gibt es auch keine Zeichen mehr, um sie zu identifizieren. Und da es keine solchen identifizierenden Zeichen mehr gibt, gibt es auch keine Apostel mehr! Bedenke dies, wenn irgendwer behauptet, das eine oder andere träfe auf ihn zu.

Öko-Extremismus: Die Religion der »einen Welt«

Kein intelligenter und ernsthafter Christ wird in Frage stellen, dass wir sorgsam mit dem Planeten umgehen müssen, den Gott uns als Lebensraum anvertraut und zum Genuss gegeben hat. Vernünftiger Naturschutz ist natürlich nichts anderes, als mit diesem anvertrautem Gut verantwortungsvoll zu haushalten. Wir loben Wiederaufforstungen, den Schutz von Naturwundern und dergleichen. Jedoch muss unsere Meinung über die Erde zwangsläufig mit dem Öko-Extremismus kollidieren, dessen Vertreter sich mehr Sorgen um Kormorane machen als um die Existenzgrundlage hart arbeitender Fischzüchter, deren Mühen um ihren Lebensunterhalt diese Vögel angeblich gefährden. Als Christen ist es somit für uns wichtig zu bedenken, was Gott selbst über dieses Thema gesagt hat. Ich behaupte, dass Paulus in einem Nebensatz von Kolosser 2,22 eine überaus wichtige Feststellung macht, die oft übersehen wird. Seine Worte beruhen auf einer Weltanschauung, die Nichtchristen schlicht und einfach nicht teilen. Diese unterschiedlichen Ansichten führen zu vielen Streitpunkten zwischen uns und den Umweltextremisten. Paulus sagt dort über Speisen und Naturprodukte: »... was doch alles zur Vernichtung durch den Gebrauch bestimmt ist.«

An dieser Stelle bezieht Paulus sich auf »asketische« Regeln über das Fasten, reine und unreine Speisen usw. Heiden ebenso wie Judaisten wollten solche Regeln den Christen aufzwingen. Paulus würde von uns verlangen, dass wir uns weigern, solche Auflagen zu befolgen. Darum sagt er – wie schon eben erwähnt – in einem Nebensatz, dass die Dinge, die für die heidnische Welt als heilig gelten, für den Christen nichts anderes als Verbrauchsgüter sind, die Gott uns zum Gebrauch gegeben hat. Paulus will damit sagen: Wenn sie »verbraucht« werden, ist das in Ordnung (vorausgesetzt, man nutzt sie auf vernünftige Weise). Es gibt weit schlimmere Tragödien, als dass natürliche Brennstofflager ausgebeutet werden, eine Fischart ausstirbt oder Wölfe aus Landstrichen verjagt werden, wo sie Rinder- und Schafherden angreifen.

»Aber das ist wirklich eine Tragödie. Immerhin sind diese Dinge, wenn sie verschwunden sind – ›vernichtet‹, wie dein Apostel es ausdrückt –, für immer verschwunden. Das Verschwinden einer Tierart oder eines Regenwalds ist ein unwiederbringlicher Verlust!«

Ja, durch diesen Einwand verdeutlichst du eine ganz andere Lebensphilosophie. Christen müssen damit rechnen, dass Umweltschützer laut aufschreien, wenn in der Arktis nach Öl gebohrt wird, wenn im Westen Amerikas Holz gefällt wird, wenn wir mit Geländewagen auf der Autobahn fahren und bei ähnlichen menschlichen Aktivitäten, die nach ihrem Glauben beträchtliche Auswirkungen auf die Umwelt haben. Solche Einwände gegen diese Aktivitäten stimmen vollkommen mit der »Eine-Welt«-Religion des Nichtchristen überein. Es würde seiner eigenen Lebensphilosophie widersprechen, wenn er nicht einen solchen Aufschrei von sich gäbe.

Als Christ fragst du mich: »Und was sagst du dazu?«

Schlichtweg dies: Der Ungläubige hat nur diese eine Welt. Er kennt keine andere Welt, die noch kommen wird. Er hängt in jeder Hinsicht an den Gütern der jetzigen Welt, weil er glaubt: Wenn sie erst einmal dahin sind, sind sie für immer dahin. Es ist daher kein Wunder, dass er sie mit allen Kräften und um jeden Preis bewahren will. Der Christ aber freut sich auf einen neuen Himmel und eine neue Erde, die so viel besser als die jetzige Welt sein werden, dass er sich nicht an allem festklammert, was jetzt besteht. Er sieht in der jetzigen Welt eine wunderbare Schöpfung, in der Gott uns alles gegeben hat, damit wir es nutzen und genießen – sofern dies möglich ist, weil die Welt wegen der Sünde unter dem Fluch steht. Eben wegen dieses Fluchs aber wird nichts für immer bestehen. Tatsächlich wurde das Buch Prediger geschrieben, um zu zeigen, dass nichts für immer besteht. Und in diesem Buch sagt uns Salomo (wie auch Paulus in Kolosser), dass wir genießen sollen, was uns gegeben ist, so lange wir hier sind und die vergängliche Welt, in der wir leben, weiter besteht. Dass in so manchen Umweltfragen die Meinungen hart aufeinanderprallen, ist in Wahrheit ein Konflikt zwischen der »Eine-Welt«- und unserer »Zwei-Welten«-Anschauung.

9

Erfüllte Prophetie und Eschatologie

Das Kommen Jesu Christi

Jesus sagte, dass manche, die bei ihm waren, den Tod nicht sehen würden, ehe sich seine Prophetie erfüllt, dass sein Reich kommt und Jerusalem zerstört wird (Mt 10,23; 16,28; 24,34; Mk 8,38-9-1). Das hat er genau so gemeint. Tatsächlich kann man sogar seine Worte in Johannes 21,22-23 so deuten, dass der Apostel Johannes einer derer sein werde, der noch so lange leben würde, um dieses Ereignis zu sehen.

Aber wie dem auch sei – das Interessante daran ist: die Zerstörung Jerusalems 70 n. Chr. bestätigte im weitesten Sinne, dass das lang ersehnte Reich des Menschensohns (das insbesondere von Daniel angekündigt wurde; siehe dort Kapitel 2, 7 und 9) endlich gekommen war. Die Zerstörung Jerusalems war die unheilvolle Proklamation dieser erstaunlichen Wahrheit: »Das Reich Gottes wird von euch [den abgefallenen Führern des jüdischen Volkes] genommen und einem Volk gegeben werden, das dessen Früchte bringt« (Mt 21,43 SCH). Dieses »Volk« ist die Gemeinde, die zum großen Teil aus Menschen heidnischer Herkunft besteht. Schlage diese Verse nach und vergleiche sie mit allen anderen, die ich gleich noch nennen werde. Am besten nimmst du mehrere Bibeln, schlägst sie an diesen Stellen auf und legst sie nebeneinander. Alle Texte hier vollständig zu zitieren, würde nur die Unübersichtlichkeit verstärken, die hierüber vielleicht schon besteht.

Die Gemeinde ist dieses neue Volk geworden, welches Petrus als neues Israel beschreibt: In 1. Petrus 2,9-10 benennt er die Gemeinde mit Begriffen, die sonst Israel vorbehalten waren. Die Gemeinde ist jenes Reich, von dem Jesus sagt, dass es sein Reich ist, über das er herrscht: Er ist der, von dem Jesaja prophezeite, dass er »aufsteht, um über die Heiden zu herrschen« (Röm 15,12 MEN). Von eben diesem Reich sagt er, dass es »nicht von dieser Welt« ist (Joh 15,19; 17,14; 18,36).

Manche finden an den Stellen über das Kommen Christi und seines Reiches schwer zu verstehen, dass beim »Kommen« von etwas noch Zukünftigem die Rede ist. Es macht ihnen Probleme zu verstehen, wann dieses Kommen eintreten soll, von dem Jesus spricht. Vielleicht ersehnen sie es noch immer – obwohl er sagte, sein Kommen werde eintreten, noch während einige der damaligen Zuhörer lebten. Wenn man die Fakten so präsentiert, wie ich es kürzlich jemandem erklärt habe, der ein anderes Endzeit-System vertrat, dann mag das klingen, als verdrehe man die Lehre von der Wiederkunft Jesu. Aber lies noch einmal Matthäus 16,27-28:

> Denn der Sohn des Menschen wird kommen in der Herrlichkeit seines Vaters mit seinen Engeln, und dann wird er einem jeden vergelten nach seinem Tun. Wahrlich, ich sage euch: Es sind einige von denen, die hier stehen, die werden den Tod keinesfalls schmecken, bis sie den Sohn des Menschen haben kommen sehen in seinem Reich.

Und dann beachte, wie aus Lukas 21,27+32 deutlich wird, in welcher Weise die betreffenden Schriftstellen offenbar zusammenhängen:

> Und dann werden sie den Sohn des Menschen kommen sehen in einer Wolke mit Macht und großer Herrlichkeit (...)
>
> Wahrlich, ich sage euch, dass dieses Geschlecht *nicht* vergehen wird, bis alles geschehen ist.

Schließlich steht so gut wie außer Frage, dass Jesus in Lukas 21 über die Ereignisse des Jahres 70 n. Chr. spricht.

Und nun betrachten wir dazu auch noch Markus 13,26 und 14,62 :

> Und dann werden sie den Sohn des Menschen kommen sehen in Wolken mit großer Macht und Herrlichkeit. (...)
>
> Und ihr werdet den Sohn des Menschen sitzen sehen zur Rechten der Macht und kommen mit den Wolken des Himmels.

Hier lautet die Vorhersage, dass Jesu Zuhörer »den Menschensohn sitzen sehen zur Rechten der Macht (= des Allmächtigen)« (MEN). Bemerkenswerterweise richtet sich diese Prophetie an den Hohepriester und den Hohen Rat der Juden. Es liegt auf der Hand, dass diese abgefallene Führungsriege Christus nicht buchstäblich jemals hat »kommen sehen«, es sei denn im Sinne der Zerstörung Jerusalems 70 n.Chr. Jesus meinte damit, dass seine Zeitgenossen noch zu ihren Lebzeiten »sehen« würden, dass die alttestamentliche Ära dadurch vernichtet und sein Reich aufgerichtet wird. Wenn du Markus 13,24-25 mit Apostelgeschichte 2,19-20 vergleichst (»Ich werde Wunder tun am Himmel ... Blut und Feuer und Rauchdampf ...«), wirst du feststellen, dass beide Stellen von der Erfüllung der Prophetie Joels sprechen, die – so sagte es Petrus in seiner Pfingstpredigt – zur Zeit der damaligen Generation stattfand.

Wie kann man all dies so einordnen, dass es einen Sinn ergibt? Man muss einfach verstehen, was die Worte »sehen« und »kommen« bedeuten. Diejenigen, die Jesus zur Rechten des Vaters sitzen »sehen« und ihn mit den Wolken des Himmels zum Vater[38] »kommen sehen« sollten, sollten damit die Erfüllung von Daniel 7,13-14 »sehen«:

> Ich schaute in Gesichten der Nacht: und siehe, mit den Wolken des Himmels kam einer wie der Sohn eines Menschen. Und er kam zu dem Alten an Tagen, und man brachte ihn vor ihn. Und ihm wurde Herrschaft und Ehre und Königtum gegeben, und alle Völker, Nationen und Sprachen dienten ihm. Seine Herrschaft ist eine ewige Herrschaft, die nicht vergeht, und sein Königtum so, dass es nicht zerstört wird. (Dan 7,13-14)

Damals im 1. Jahrhundert n.Chr. stand das Römische Reich im Begriff, dem Reich Christi zu weichen (Christus ist der Stein, der das metallene Standbild von Daniel 2 am Fuß zerschmettert). Be-

[38] Beachte: In Daniel 7 geht es ganz offensichtlich um die Himmelfahrt Jesu, bei der er zum Vater ging, und nicht um seine Wiederkunft auf die Erde.

achte, dass in Daniel mit dem »Sehen« seines Kommens nicht sein Kommen auf die Erde gemeint ist, sondern sein Kommen zum »Alten an Tagen« zu Gott dem Vater. Zu diesem Zeitpunkt – bei seiner Himmelfahrt und seinem Sitzen zur Rechten Gottes – empfing er die Königsherrschaft über das neue Israel. Was Daniel voraussagte, ist also tatsächlich schon geschehen.

Diese unsichtbaren und himmlischen Umwälzungsereignisse sollten dadurch sichtbar werden, dass das alte jüdische System bei der Zerstörung Jerusalems 70 n. Chr. unterging und dadurch, dass das alte Reich und Tempelsystem durch Gottes neue Ordnung, die Gemeinde, ersetzt wurde. Seitdem ist Gottes neue Ordnung (der Neue Bund) vollends in Kraft. Wenn die Bibel vom »Kommen« Jesu spricht, ist nicht immer sein zweites Kommen gemeint; vergleiche dazu nur Offenbarung 2,5.16:

> Denke nun daran, wovon du gefallen bist, und tue Buße und tue die ersten Werke! Wenn aber nicht, so komme ich dir und werde deinen Leuchter von seiner Stelle wegrücken, wenn du nicht Buße tust. (…)
>
> Tu nun Buße! Wenn aber nicht, so komme ich dir bald und werde Krieg mit ihnen führen mit dem Schwert meines Mundes.

In diesen zwei Versen droht Jesus, zum Gericht zu »kommen«, aber niemand denkt, er hätte damit sein sichtbares Wiederkommen gemeint.

Was bei der Himmelfahrt Jesu stattfand, war menschlichen Augen verborgen, weil Gott Geist ist; Jesu himmlische Thronbesteigung musste offenbar ein sichtbares Gegenstück auf Erden haben, damit die Menschen »sehen«, d. h. verstehen konnten, dass es tatsächlich geschehen war. Die Zerstörung Jerusalems durch die Römer war ein Ereignis, das auf vieles hindeutete; und so vielseitig dieses Ereignis auch war, es diente doch genau jenem Zweck. Es wird wohl kaum jemand meinen (jedenfalls habe ich das noch nie gehört), dass der Hohepriester den Erlöser buchstäblich mit eigenen Augen zum Vater »kommen« sah, um sein Reich zu empfangen.

Jesus kam also noch zu Lebzeiten derer, zu denen er gesprochen hatte? Ja, das tat er ganz sicher! Aber das heißt nicht, dass er nicht sichtbar wiederkommen würde. Das werden wir im nächsten Kapitel aufgreifen.[39]

[39] Wir, die deutschen Herausgeber, halten Jay Adams Ausführungen in diesem Kapitel für korrekt, abgesehen davon, dass wir meinen, dass in Matthäus 24,30 wohl (auch) die noch künftige Wiederkunft Jesu auf die Erde gemeint ist.

Er wird wiederkommen

Das nächste Ereignis, das Gott uns aus seinem Zeitplan für die Erde offenbart hat, ist die Wiederkunft des Herrn Jesus Christus. Bei seiner Himmelfahrt zum Thron Gottes, wo er als Mitregent der Welt und Herrscher seines neu aufgerichteten Reiches Platz nahm, erschienen Engel den verblüfften Aposteln, die Augenzeugen dieses erstaunlichen Geschehens waren und konsterniert dastanden, als die Wolke Christus aufgenommen hatte.

Die Engel fragten: »Ihr Männer von Galiläa, was steht ihr hier und seht zum Himmel? Dieser Jesus, der von euch weg in den Himmel aufgenommen worden ist, wird in derselben Weise wiederkommen, wie ihr ihn habt in den Himmel auffahren sehen« (Apg 1,11 SCH). Auf diese Voraussage der Engel gründet unser Glaube, dass der Herr eines Tages leibhaftig und sichtbar wiederkommt. In seinen Briefen an die Gemeinde in Thessalonich beschrieb der Apostel Paulus konkreter, was bei der Wiederkunft Jesu geschieht: Die Gläubigen werden auffahren (nachdem ihr Leib entweder durch die Auferstehung oder als Lebende verwandelt wurde), um Christus bei seiner Rückkehr zur Erde als »Begrüßungskomitee«[40] zu begleiten (1Thes 4,13). In seinem Brief an Titus nennt Paulus die Wiederkunft die »Erscheinung der Herrlichkeit unseres großen Gottes und Retters Jesus Christus«. Dieses Ereignis ist »die glückselige Hoffnung« der Gemeinde (Tit 2,13).

Jede Stelle über Jesu Wiederkunft legt den Schwerpunkt auf sein Kommen, und nicht auf unser Gehen! Bei diesem frohen An-

---

[40] Das Wort *apántēsis*, das Schlachter mit »Begegnung« übersetzt (Luther, Elberfelder und Menge: »dem Herrn entgegen«), ist ein besonderer Ausdruck, der bedeutet: Man geht hinaus, um einen Würdenträger zu ehren und ihn an den Ort zu begleiten, wo er hingeht. Das Wort kommt in diesem Sinn sonst nur noch zweimal im Neuen Testament vor: in Matthäus 25,6 und Apostelgeschichte 28,15. In beiden Fällen kann man leicht erkennen, welche Bewegungsrichtung es beschreibt (Jesus ist auf dem Weg zur Erde und nicht wieder in den Himmel zurück). Kein Wunder, dass die Engel das Wort »Himmel« betonten; denn das wird auch der Ort der Begegnung sein.

lass werden wir im neuen Leib und mit einer sündlosen Natur den Blick auf den Herrn richten und nicht auf uns. In einem geistlichen Lied heißt es ganz richtig: Wir werden »nicht die Krone, die er gibt«, bestaunen, sondern ihn allein.[41]

Wann aber wird dieses außergewöhnliche Ereignis stattfinden? Immer wieder im Lauf der Jahrhunderte haben Männer wie z. B. William Miller[42] zu Unrecht ein Datum berechnet und dadurch Menschen verführt.

Fakt ist: Niemand weiß es, denn die Schrift sagt es uns nicht. Manchen aber fällt das Warten schwer, und sie sind über die Maßen um dieses Ereignis besorgt. Es ist wohl angemessen, solche daran zu erinnern, dass sie überhaupt nur deshalb leben, weil Jesus nicht schon vor Jahrhunderten oder auch nur vor ein paar Jahrzehnten gekommen ist! Gott will nicht, dass auch nur einer seiner Erwählten verloren geht, sondern dass sie alle zur Umkehr finden (2Petr 3,2). Er verzögert nicht sein Kommen; er war im Laufe dieser Jahre damit beschäftigt, alle Erwählten in sein Reich zu sammeln. Wenn der letzte von ihnen zum Glauben gefunden hat (und keinen Augenblick früher), dann wird das Ende kommen.

---

[41] »The bride eyes not her garment, but her dear bridegroom's face; / I will not gaze at glory but on my king of grace. / Not at the crown He giveth but on His piercèd hand; / The Lamb is all the glory of Immanuel's land.« Aus »The Sands of Time Are Sinking« von Anne R. Cousin, in *The Christian Treasury*, 1857.

[42] Laut Millers Berechnungen sollte die Wiederkunft Jesu 1843 stattfinden. Als sie ausblieb, versuchte Miller zuerst, einen vermeintlichen Rechenfehler zu korrigieren, widerrief aber schließlich seine Lehre. Seine Anhänger hingegen hielten an dem Datum fest, deuteten es jedoch um. Dies führte zur Gründung der Adventisten. (Anm. d. Übers.)

Christus kommt ganz bestimmt bald wieder

»Glaubst du wirklich, dass Jesus nach all diesen Jahren des Wartens noch wiederkommen wird?«

Warum nicht? Die Erzväter und ihre Nachfahren warteten zwei Jahrtausende lang, bis Jesus zum ersten Mal kam. Warum sollten wir nicht ebenso auf sein zweites Kommen warten?

»Ich nehme an, das stimmt. Aber es ist fast so, als ob man zu einem Arzttermin geht und noch mehrere Tage lang warten muss, bis man an die Reihe kommt.«

Aber Jesus kommt wieder, und zwar – ebenso wie bei seinem ersten Kommen – genau nach Fahrplan! Es wird überhaupt nicht so sein, dass man wie bei einer Behörde warten muss.

»Na ja, trotzdem …«

Weißt du, was Petrus über dieses Thema sagt?

»Was denn?«

Er sagt, dass der Grund dafür, dass wir warten müssen, reine Gnade und Barmherzigkeit ist.

»Wie bitte? Es scheint mir nicht gerade besonders barmherzig, dass wir weiter dasitzen und darauf warten müssen, dass er kommt. Und nebenbei, vielleicht kommt Christus gar nicht zu unseren Lebzeiten wieder. Es scheint mir einfach nicht richtig zu sein.«

Das ist so, weil du nicht verstanden hast, worauf es Petrus ankommt. Er sagt, dass Gott wartet, bis alle Erwählten gerettet wurden. Möchtest du lieber, dass Christus zu deinen Lebzeiten kommt, auch wenn das heißt, dass einige Unerrettete zur Hölle fahren, weil Gott nicht darauf gewartet hat, dass sie das Evangelium hören und zum Glauben finden konnten?

»Ui! Ich glaube, da habe ich einen groben Schnitzer gemacht …«

Muss ich noch mehr sagen?

»Bitte nicht!«

Wie wär's mit nur noch einer einzigen kleinen Anmerkung?

»Wenn du darauf bestehst … Aber betone bitte nicht, wie selbstsüchtig ich gedacht habe.«

Okay. Denk mal hierüber nach: Wäre Jesus zu jener Zeit gekommen, für die es manche der ersten Christen hofften, dann wärst du nicht gerettet.

»Wie das?«

Du wärst nie geboren worden!

»Autsch! Das saß!«

Ich weiß. Als ich das zum ersten Mal hörte, ging es mir genauso!

Verwandelt – aber wie?

Du weißt, wir werden beide sterben.

»Sicher! Außer natürlich, wenn Jesus vorher wiederkommt und uns verwandelt, so dass wir nicht sterben müssen.«

Erwartest du, dass dies in deinem Fall so sein wird?

»Nun, es könnte so sein. Nimm's mir nicht übel, wenn ich das so offen sage, aber ich bin jünger als du …«

Kein Problem. Ich weiß, wie alt ich bin; mein Körper erinnert mich immer wieder daran. Aber zurück zum Thema! Freust du dich auf Jesu Wiederkunft, weil du dadurch dem Tod entrinnen kannst?

»Nun … so ähnlich schon.«

Hmmm. Und freust du dich auch auf den Tod, wenn dieser stattdessen auf dich wartet?

»Das ist schon etwas anderes.«

Warum?

»Nun … Ich bin nicht sicher.«

Wird es etwas anderes sein, vom irdischen zum ewigen Leben zu gelangen, wenn dies durch den Tod geschieht?

»Keine Ahnung.«

In beiden Fällen wirst du beim Herrn sein, was – wie Paulus sagt – »weit besser« ist. Außerdem sagte Jesus zum Schächer am Kreuz: »Wahrlich, ich sage dir: Heute wirst du mit mir im Paradies sein!«

»Ja, du hast Recht. Aber dann hätte ich noch nicht den Herrlichkeitsleib.«

Korrekt. Aber ob mit oder ohne diesen neuen Leib: Paulus sagt, dass er im Paradies, das er mit dem dritten Himmel gleichsetzt, »unaussprechliche Worte hörte, die ein Mensch nicht sagen darf« (2Kor 12,4). Klingt ganz so, dass wir an einem großartigen Ort sein werden, während wir auf die Auferstehung des Leibes warten.

»Ja; ich nehme an, du hast Recht.«

Sicher habe ich das. Paulus konnte gar nicht abwarten zu sterben und nannte das Sterben einen »Gewinn« (Phil 1,21). Kennst du jemanden, der nicht gern etwas gewinnt?

»Ich denke nicht. Aber was für eine Art von Gewinn werde ich bekommen?«

Wir wissen kaum etwas über den Zwischenzustand zwischen Tod und Auferstehung. Wir wissen, dass er »Himmel« und »Paradies« genannt wird; immerhin ist das ein ziemlich guter Hinweis darauf, dass es ein schöner Gewinn sein wird. Wir wissen, dass wir bei Christus sein werden, was wunderbar ist. Wir wissen, dass wir alle Sünden und Sorgen hinter uns lassen werden. Klingt ganz danach, dass wir nicht mehr wissen brauchen, um uns zutiefst danach zu sehnen.

»Du hast Recht. Der einzige Unterschied zwischen unserer Verwandlung bei Christi Wiederkunft und der im Augenblick des Todes betrifft also den Leib und auf welche Weise wir die jetzige Welt verlassen. Ich habe keine Angst vor dem Tod, aber vor dem leiblichen Verfall, der so oft zum Tod führt. Wenn ich bis zur Wiederkunft leben sollte, dürfte mir einiges davon erspart bleiben.«

Das in etwa ist der ganze Unterschied.

»Aber ich schätze, es ist auch eine weitere Gelegenheit, Schätze im Himmel zu sammeln, wenn man noch weiter lebt und z. B. Leiden so erduldet, wie es Christus gefällt.«

Ganz richtig. Wenn also jemand Christ ist, hat er so oder so nichts zu verlieren und alles zu gewinnen.

»Das klingt beides phantastisch!«

Gedanken über den Tod eines jungen Mannes

Offenkundig tragen manche jungen Menschen durch ihren Lebensstil selbst zu ihrem vorzeitigen Tod bei: durch Drogen, Alkohol am Steuer usw. Was aber ist mit denen, die ein vorbildliches Leben führen, Christus lieben und danach streben, ihm zu dienen? Warum nur nimmt Gott auch solche jungen Christen aus der Welt weg, wo sie doch vielleicht noch so viel Gutes tun könnten? Ihr Tod ist nicht immer leicht zu verstehen. Ich möchte nur einen Grund nennen, der auf solche Fälle manchmal zutreffen mag.

Josia war einer der besten Könige Judas – offenbar sogar der beste überhaupt. In 2. Könige 23,25 lesen wir über diesen jungen König:

> Und kein König vor ihm war ihm gleich, ihm, der zurückgekehrt ist zum HERRN von seinem ganzen Herzen, von seiner ganzen Seele und mit all seiner Kraft, ganz nach der Weisung des Mose, und auch nach ihm ist keiner aufgetreten, der ihm gleich gewesen wäre. (ZÜR)

Er riss die Höhenheiligtümer nieder, tilgte den Götzendienst aus dem Land aus und hielt das größte Passafest ab, das je gefeiert wurde. Trotzdem starb er in der Blüte seines Lebens im Alter von nur 39 Jahren! Was um alles auf der Welt konnte Gott sich nur dabei gedacht haben, ihn so früh abzuberufen? Überlege nur einmal, wie viel mehr Gutes er in weiteren 30 Jahren hätte tun können!

Nun, Gott wusste, was er tat. Das weiß er immer. Und anders als sonst, wenn er uns seine Gründe verschweigt, hat er uns in diesem Fall gütigerweise mitgeteilt, warum er diesen jungen König zu sich nahm. Das Volk hatte sich so schwer vor Gott versündigt, dass er beschlossen hatte, Verderben über sie zu bringen. Sein Zorn war bereits über Juda entbrannt. Er sagte: »Mein Grimm soll gegen diesen Ort entbrennen und nicht wieder erlöschen!« (2Kön 22,17 MEN). Der Zorn war also schon im Anmarsch und sollte nicht enden, auch nicht durch die gründlichen Reformen Josias. Das Gericht war fällig, und es war nahe.

Wegen Josias guter Herrschaft aber nahm Gott ihn von dem Gericht aus, das bald hereinbrechen sollte:

> Darum siehe, ich will dich zu deinen Vätern versammeln, dass du in Frieden in dein Grab gebracht wirst und deine Augen all das Unheil nicht sehen müssen, das ich über diesen Ort bringen will (2Kön 22,20 SCH).

Der Zorn Gottes stand nahe bevor, und es gab keinen Aufschub; doch in seiner Güte nahm Gott Josia aus dieser Welt weg, bevor er das Gericht über das Land brachte, so dass Josia es nicht miterleben musste.

Offenbar sehen wir hier einen möglichen Grund, warum ein »verheißungsvoller« junger Mensch früh stirbt: um ihn vor kommendem Leid zu bewahren. Es war ein Akt der Güte, dass Gott ihn, wie wir sagen, »vor der Zeit« zu sich nahm. Wir können nie sicher sein, wann Gott so handelt, weil wir dazu eine göttliche Offenbarung brauchten, die er aber nicht gibt. Gelegentlich aber kann es sein, dass er entschiedene Christen von dieser Erde abberuft, um sie vor fest beschlossenen Nöten zu bewahren, die Gott nach seiner Vorsehung über ein Land, eine Gemeinde, Familie usw. bringen wird. Lasst uns darum nicht trauern noch klagen, wenn Gott beschlossen hat, einen jungen Menschen zu sich zu nehmen, der gerecht vor ihm wandelte. Das kann durchaus große Barmherzigkeit von Seiten Gottes sein. Er weiß, was er tut! Lasst uns das bedenken und erkennen, dass Vorsehung heißt: Gott lenkt alle Dinge auf dieser Welt nach seiner Gerechtigkeit und Gnade.

Postskriptum

Was ist ein »Diablog?«

»Diablog« ist die Bezeichnung, die ich dem kurzen Dialogformat gegeben habe, das ich häufig benutze, wenn ich auf Internet-Blogs schreibe (bei uns unter www.nouthetic.org/blog). Zweck des Diablogs ist, Interesse zu wecken, Fragen und Antworten zu ermöglichen und zwanglos über verschiedene Themen zu sprechen, die man sonst eher auf akademische Weise behandelt.

Hier ein Beispiel:

»Wie mir scheint, frustriert es dich, wenn man das Wort ›nuthetisch‹ falsch benutzt.«

Ja! Äh, ich meine: Nein!

»Ja, was denn nun?«

Das Wort *nuthetisch* ist gar nicht so leicht zu erklären. Aber lass es mich versuchen. Weißt du, unsere Sprache ist voller Wörter und Satzkonstruktionen, mit denen man seine Schuld auf andere schiebt. Die Lage ist so ernst, dass man kaum reden kann, ohne sie zu benutzen. Als Sünder haben wir allerlei Weisen erfunden, um uns mit sprachlichen Mitteln für unsere Sünde zu entschuldigen. Genau das habe ich getan, als dir zustimmte, dass der falsche Gebrauch des Wortes »nuthetisch« mich frustriert.

»Ich hab's immer noch nicht kapiert.«

Okay. Nimm einmal den Begriff, der mir über die Lippen flutschte, als ich dir zustimmte.

»Welchen?«

Als du gesagt hast: »Wie mir scheint frustriert es dich, wenn ...« Dieses »es«, was immer es auch sein mag, frustriert mich überhaupt nicht. Das kann es unmöglich tun. Es gibt sogar noch nicht einmal ein »Es«.

»Aha! Jetzt versteh' ich: die Leute frustrieren dich!«

Nein, nein, nein! Du hast es noch immer nicht kapiert. Die Leute frustrieren mich nicht. Die Leute tun Dinge, die ich nicht mag; Dinge, die sie eher tun könnten oder besser und so weiter. Aber sie frustrieren mich nicht. Ich bin über mich selbst frustriert!

Dabei muss ich gar nicht frustriert sein. Ich könnte lernen, mit der Situation anders umzugehen – auf eine Weise, die Gott gefällt. Stattdessen habe ich gerade festgestellt, dass ich so rede, dass ich die Schuld auf andere schiebe, um etwas zu beschreiben, das ich nicht mag und das mich zur Sünde reizt.

»Oh! Aber was ist mit der Bibelstelle, die den Vätern sagt: ›Reizt eure Kinder nicht zum Zorn‹? Klingt ganz so, als ob man das doch tun kann.«

Nicht direkt.

»Nanu?«

Weißt du, dieser Vers bedeutet, dass wir nicht so handeln dürfen, dass unsere Kinder dadurch in Versuchung kommen, zornig zu werden. Ein Vater handelt falsch, wenn er so etwas tut; doch ein Kind handelt ebenso falsch, wenn es sich darüber aufregt, was sein Vater sagt oder tut.

»Wenn wir so handeln würden, wie du sagst, dann würde das unsere Sprache revolutionieren!«

Richtig. Wir Christen müssen versuchen, uns so genau wie möglich auszudrücken, besonders wenn wir unterrichten, Seelsorge ausüben oder Gottes Wort erklären.

»Du meinst, dass Christen eine andere Sprache sprechen sollten?«

Nein. Es ist dieselbe Sprache, aber christlich geprägt. Eine solche Veränderung wird garantiert schwierig sein, aber da die Sprache immer mehr verdirbt, müssen wir noch härter daran arbeiten, wahrhaftig zu sein, wenn wir reden.

»Dürfte schwer sein, solche Gewohnheiten abzulegen.«

Sicher. Aber die Wahrheit, und zwar die ganze Wahrheit in Liebe zu reden, ist ja nicht nur eine Option unter vielen, oder? Es ist unsere Pflicht.

Zu guter Letzt

Ich gebe zu, dies ist ein ungewöhnliches Buch! Aber das sagte ich bereits in der Einleitung. Ich hoffe, dass es sich trotzdem oder gerade deshalb schon jetzt als wertvoller Neuerwerb für deine kleine Bibliothek erwiesen hat – und als ein Buch, auf das zurückzugreifen sich dir viele Anlässe bieten werden. Nun lass mich dir am Schluss eine Frage stellen: *Hast du etwas daraus gelernt?* Wenn ja, dann wurde das Buch nicht umsonst geschrieben. Ich habe hart daran gearbeitet, damit es präzise, leicht verständlich, deutlich und kurzweilig zu lesen ist. Ich hoffe, dass es deiner Ansicht nach genau das ist. Lass mich noch eine weitere Frage stellen: *Würdest du das Buch jemandem empfehlen, der vielleicht die biblische Wahrheit kennenlernen muss, die du darin entdeckt hast?* Würdest du es insbesondere deshalb weiterempfehlen, weil es die oben genannten Qualitäten und Lehrmethoden aufweist und leicht lesbar ist? Wenn ja, dann empfiehl es bitte weiter. Ich bitte dich ganz offen darum, weil viele Christen in Sachen Theologie schrecklich unwissend sind, und dieser Mangel führt in der Gemeinde Christi zu Desorientierung, Unglauben und Irrlehre. Wir müssen alles uns Mögliche tun, um diese Mangelerscheinungen durch die Wahrheit zu ersetzen. Und dazu müssen wir ihnen auf einem Level begegnen, der so viele wie möglich anspricht. Meiner Meinung nach scheitert die Verbreitung der Wahrheit meist daran, dass man Theologie derart übertrieben akademisch präsentiert, dass es so aussieht, als wäre sie nur etwas für Experten. Ich hoffe auch, dass *Keine Angst vor Theologie* sowohl in Gruppen wie Bibel- und Jugendkreisen als auch bei einzelnen Christen Verwendung finden wird. Noch eine letzte Frage: *Hat es dir gefallen, auf diese Art und Weise etwas zu lernen?* Ich würde mich über entsprechende Rückmeldungen freuen. Du kannst sie mir über unsere Internetseite des *Institute of Nouthetic Studies* zukommen lassen (www.nouthetic.org; dort finden sich eine Kontaktseite und mein Blog). Mir hat es große Freude gemacht, auf diese Weise zu schreiben, und ich hoffe, dass auch andere an diesem Buch Freude haben werden. Ich glaube, dass wir jeden mit der Wahrheit erreichen müssen – soweit es uns irgend möglich ist. Ich denke, dass dieses Buch eine Möglichkeit ist, solche anzusprechen, die einen Nachholbedarf in biblischer Lehre haben.

Um mit einem entsprechend kurzen Satz zu schließen: Mein ernsthaftes Gebet ist, dass Gott dieses Buch benutzen möge, um dir zu helfen und um durch dich anderen zu helfen, ihm näher zu kommen.

Jay Adams

Buchempfehlung

Robert C. Sproul
Bibelstudium für Einsteiger
Eine Einführung in das Verstehen der Heiligen Schrift

Paperback, 140 Seiten
Betanien Verlag, 2009
ISBN 978-3-935558-89-1
8,90 Euro

Der Mensch lebt nicht allein von Brot, sondern muss sich vom Wort Gottes ernähren (Mt 4,4). Dieses Buch hilft, richtig an die Bibel heranzugehen und sie richtig zu verstehen. Zuerst zeigt der Autor, warum wir die Bibel studieren sollten und verdeutlicht auch das Vermächtnis der Reformation, die das persönliche Bibelstudium überhaupt ermöglicht hat. Dann erklärt er, was beim Bibellesen zu beachten ist, wie z. B. Hintergrund des jeweiligen Bibelbuches, literarischer Stil, Zusammenhang, die Wichtigkeit und die Grenzen buchstäblicher Auslegung usw., und dass die Schrift allein durch die Schrift auszulegen ist. Häufige Fehler beim Bibelstudium werden geklärt und praktische Tipps und Hilfsmittel genannt. In leichtverständlichem und gut lesbarem Stil wird so nicht nur Biblschülern und Studenten, sondern jedem Christen eine solide Hermeneutik (Lehre vom rechten Verstehen der Bibel) vermittelt.

Ein Übungsteil (»Fragen zur Lernkontrolle und Vertiefung«) macht das Buch auch als Kurs für Jugend- und Bibelgruppen usw. verwendbar.

»Wenn ich der Teufel wäre, wäre ich höchst unerfreut über dieses Buch.« (James I. Packer)

Weitere Bücher vom Betanien Verlag

Mark Dever

Persönliche Evangelisation

Motivation, Inhalt, Praxis

Paperback · 123 Seiten · ISBN 978-3-935558-84-6 · 8,50 Euro

»Die Gemeinde hat die Aufgabe der Evangelisation, darum sind wir noch hier. Damit Evangelisation erfolgreich ist, muss sie schriftgemäß sein. Mark Dever lehrt und motiviert uns, genau das zu tun.« (John MacArthur).

Tim Kelly

Auserwählt und eins gemacht

Die Lehren der Gnade als Heilmittel gegen Spaltung

Paperback · 220 Seiten · ISBN 978-3-935558-76-1 · reduzierter Preis: 5,90 Euro

Tim Kelly erklärt die Lehre der Erwählung und die anderen »Lehren der Gnade« (auch als reformatorische »5 Punkte« bekannt) und zeigt, wie sie im NT dazu verwendet werden, die Einheit der Gläubigen zu fördern.

Michael Lawrence

Biblische Theologie für die Gemeinde

Ein Leitfaden für die Anwendung von Gottes Offenbarung

Paperback · 278 Seiten · ISBN 978-3-935558-45-7 · 13,90 Euro

Eine sehr einleuchtende und hilfreiche Einleitung in die Biblische Theologie – in die Lehre von den roten Fäden der Bibel mit großem Praxisbezug. Es wird deutlich, wie man beim Studieren und Verkündigen der Bibel den »ganzen Ratschluss Gottes« erkennt und anderen lebensverändernd vermittelt.

Gregory Beale

Der Tempel aller Zeiten

Die Wohnung Gottes und der Auftrag der Gemeinde

Paperback · 492 Seiten · ISBN 978-3-935558-95-2 · 21,90 Euro

Wird es einen neuen Tempel in Israel geben? In welchen Tempel setzt sich der Antichrist? Wie ist der Tempel aus Hesekiel und der Offenbarung zu verstehen? Der renommierte Neutestamentler liefert eine tiefschürfene biblisch-theologische Studie von Eden bis zu Gottes ewiger Vollendung.

Andreas Münch

Der wahre Gott der Bibel

Ein Studienbuch über Gottes Wesen und Werke

Paperback · 282 Seiten · ISBN 3-935558-46-4 · 12,90 Euro

In 21 Kapiteln werden die mannigfaltigen Eigenschaften Gottes anhand der Bibel vorgestellt, angereichert mit vielen Zitaten bekannter Autoren wie Matthew Henry, Martin Lloyd-Jones, J.I. Packer und A.W. Pink. Einen Schwerpunkt bilden das Heilshandeln Gottes und seine Souveränität..